PARTNERS' BOOK FOR YOUNG TEACHERS

若い先生のパートナーズBOOK 授業づくり

「探究」授業51
授業のつくり方から評価まで

粟子直毅
著

学芸みらい社

はじめに

　2歳になる息子が虫取り網を持ち、どこまでも走っていく様子を眺めながら、ふと思い出した言葉がある。
　「天才とは、○○○○している子どもである」。
　ジョン・スタインベックの言葉だ。大学生の頃に出合った言葉だが、今でも新鮮な気持ちになり、蓋し名言だと思う。
　読者の皆様は、○○には何があてはまると予想されるだろうか。「はじめに」の終わりで答え合わせをしよう。

　「授業をもっと知的で面白くしたい」——これは、教師であれば誰もが抱え続ける願いだろう。そして、私を含めた多くの教師は、授業を知的で面白くするために、発問や板書、指導の技術を磨いてきた。いわば、直接的な教師のはたらき

はじめに

かけを考えてきた。

　しかし、「個別最適な学び」や「子ども主体の学び」が一層叫ばれ、従来の一斉指導からの脱却が求められる今、環境設定や教材の工夫、単元構想など、間接的なはたらきかけがより重要になってきている。

　本書の主張は、ずばり「魅力的なイベントがゴールにあれば、子どもたちはよりよく学ぶ」ということだ。この「魅力的なイベントをゴールとして設定する」という行為は、まさに教師の間接的なはたらきかけだ。

　45分の授業で、教師がどのようにはたらきかけをしたのか、それが子どもの学びにどうつながったのかという研究は、一定の成果を上げてきた。

　これからはその研究の上に、教師が単元で授業を捉え、授業形態や学習環境をどう設計したのか、それが子どもの学びにどうつながったのかという研究を重ねていく必要がある。

　ここで一つ、具体的な例を紹介しよう。4年生の理科で、星についての学習がある。この単元で学ぶ知識は、主に「星には明るさや色のちがいがある」「時刻とともに、星の見える位置は変わるが、並び方は変わらない」ということだ。このことに観察を通して気づくことができればよい。しかし難しいのは、観察が「夜だけしか」できないという点だ。つまり、教師がその場にいて観察するように促したり、詳しく聞いたりすることはできない。そればかりか、かなり上手く動

機づけをしないと、家では観察さえしないという子どもも多いことだろう。結果、ありがちなのは、ベガ・デネブ・アルタイルという３つの星の名前を呪文のように復唱させる…という、断片的な知識を一方的に教えることに終始した授業だ。当然、これでは子どもが「知的で面白い」と満足するものにはならない。それを学ぶ意味もわからなければ、学びたいという意欲も生まれていないからだ。

　では、この単元のゴールに、「プラネタリウムをつくって２年生を招待しよう」という魅力的なイベントを設定してみてはどうだろう（詳細は本書58Pを参照）。
　ただ受け身で知識を与えられていた状態から、変わらざるを得なくなるはずだ。自分がつくり、説明しないといけない状況が、そしてプラネタリウムづくりというワクワクするイベントが、子どもを熱中状態へと誘っていく。

　では、このような楽しいイベントで、理科の学びは成立するのだろうか。答えは、もちろんYesだ。
　プラネタリウムを（本物の夜空に忠実に）作るためには、星の位置をよく観察する必要がある。開ける穴の大きさによって星の大きさ・明るさが変わるため、明るさにも着目する。観察をする中で、星の色に気づいた子どもがいれば、カラーセロファンを渡して星に色をつけることも可能だ。遠足でプラネタリウムへ行けば、自分が作るときの参考になるので必死になって見る。２年生を招待して教えるとなれば、自分の作った星々について言語化して伝える必要がある。
　このように魅力的なイベントにむかう中で、子どもたちが

はじめに

自然と教科の学びを実現していくことが、今私が考える理想の授業の一つである。

　私は、子どもが好きだという理由で教員になった。しかし、数年教員として働き、気付いたことがある。それは、自分は無条件に子どもが好きであるというよりも、夢中になっている子どもを見るのが好きなのだということだ。何かにのめりこみ、熱中し、時間も忘れて没頭する姿は、本当にキラキラしていて、見ているだけで幸せな気持ちになる。

　そんな姿を見たいと願い、授業を考えてきた。すると、授業をすることが楽しみになった。私自身が授業づくりに夢中になっているときは、ほとんどの場合、子どもたちも夢中になっていく。

　今では、授業を考えるのも、授業を見て議論するのも、楽しくて仕方がない。本書が、読者の皆様の授業づくりに何か一つでも関わることができれば、こんなに嬉しいことはない。

　最後に、冒頭の言葉の答え合わせをして、「はじめに」を終わりとする。

　「天才とは、蝶を追っていつの間にか山頂に登っている子どもである」。

　いつまでも蝶を追う子どものように生き、蝶を追う子どもの姿を見ていたい。

粟子直毅

目次

はじめに 2

本書の構成 10

第1章 魅力的な単元末イベントの提案
──日々の授業を探究に── 11

コラム1

教科のねらいにそったイベントを行う 18

第2章 「探究」授業51 19

（1）国語

いらっしゃい！おみせやさんごっこをしよう（1年）×算数
.... 20

こまクリエイターになってオリジナルごま説明文を書こう
（3年）... 21

いざ、漢字バトル！（全学年）.......................... 22

「海の命エピソード2」を書き、読み合おう（6年）...... 24

筆者にお手紙を届けよう（6年）........................ 28

（2）算数

10をつくれ！ 神経衰弱大会（1年）.................... 32

九九ビンゴ大会（2年）................................ 33

『ちょっとななめ』探し（4年）........................ 34

算数コンテスト（3～6年）............................ 35

どんぐりはいくつある？！（1年）...................... 36

熱中をうむ授業びらき「先生は超能力者?!」............ 38

テストモンスターを倒せ！（全学年）.................... 40

（3）社会

○○市　ゆるキャラ総選挙（3年）　………… 42

みらいの車コンテスト（5年）　………… 44

プレゼンチャンピオンを決めよう（5年）　………… 45

偉人ボードゲームをつくって遊ぼう（6年）　………… 48

「Ijinstagram」で「いいね」をかせげ（6年）　………… 51

観光パンフレット NO. 1
　〜最も行きたくなる国は？〜（6年）×国語　………… 52

（4）理科

風の力でどこまでいける？（3年）　………… 54

電気でつくる！おもちゃランド（4年）　………… 56

プラネタリウムへ招待しよう（4年）×図工　………… 58

お天気キャスターになろう（5年）×社会　………… 60

ぼくの・私の「生まれる」紙芝居（5年）　………… 61

自由研究コンテスト（3〜6年）　………… 62

（5）体育

体育館で雪合戦 ?!（中・高学年）　………… 66

○○小　SASUKE（全学年）　………… 68

シンクロマット・コンクール（高学年）　………… 70

お楽しみ全開プール（中・高学年）　………… 72

コラム2

イベントと掲示物　………… 73

（6）図工

ハロウィンだ！コスプレ大会！(低・中学年)　………… 74

プロジェクション・マッピング（5年生）　………… 75

（7）音楽

手作り楽器で演奏会（3年）×理科 ……………………… 76

オリジナル・ソングをつくろう（高学年） ……………… 77

（8）家庭科

究極の手作りドレッシング（6年生）×算数 ……………… 78

食を通して、戦時中の人々に思いを馳せよう（6年） ……… 79

（9）外国語

外国語カルタをつくって・遊んで・覚えよう！（中・高学年）
…………………………………………………………………… 80

外国の方にインタビュー（6年生）×総合（修学旅行） ……… 81

英語で映画を観よう！（高学年） ………………………… 83

コラム3

イベントに向けて動く子どもたちと教師の関わり ……… 84

（10）生活

世界に一つだけのからくりスイッチ（低学年） …………… 85

とばし大会をしよう（低学年） …………………………… 88

ピカピカ！最高のどろだんごづくり（低学年） …………… 90

（11）総合

フリーマーケットを開催しよう（4年生）×社会 ………… 92

AYK防災マップづくり（中・高学年） …………………… 94

食品ロスを解決しよう！
　〜フードドライブで三方よし〜（高学年） ……………… 96

〇〇小平和資料館をつくろう！（6年）×修学旅行 ……… 98

地域の魅力を発信しよう（高学年） ……………………… 100

（12）特別活動

クラスキャラクター　コンテスト（全学年） ················· 104

自主学グランプリ（全学年） ······························· 105

クイズ大会いろいろ（全学年） ··························· 106

学級力向上プロジェクト（全学年） ····················· 108

教室リフォームプロジェクト（中高学年） ··············· 110

会社活動（高学年） ······································· 113

コラム4

イベント時間確保のために ······························· 116

第3章　イベントで育つ子どもたち ················· 119

あとがき ··· 127

本書の構成

　本書は３章構成になっている。

　第１章では、探究的な学びとはそもそもどんなものかを定義する。探究のレベルも示しながら、探究に対する解像度を高めたい。その上で、探究的な学びをつくる考え方や、探究を充実させるものとしての評価について記す。

　第２章では、イベントを単元のゴールに据えた授業の概要を記す。各教科・学年から計 51 の実践事例を集めた。10分で手軽に始められるものから、一年間を通して行った実践などサイズ感やレベルもさまざまだ。

　紙幅の都合上、詳細に記せていなかったり、単元の流れを割愛したりしている実践もある。しかしどの実践も、教師が逐一指示を出して教えなくとも、子どもたちが遊ぶように学んでいく姿を想像していただけるはずだ。

　長いもので４ページに収めているため、１つひとつの実践は手軽に読んでいただけると思う。目次を見て気になるものから読み進めてほしい。

　第３章では、探究的な学びの中での子どもたちの様子や変容を記す。子どもがワクワクして学ぶ様子や、熱中して取り組む姿を目に浮かべながら読んでほしい。

　実物資料をお渡しできるものは、二次元コードから読み取れるようにした。本書の実践をもとに、違う単元や教科でも応用していただけると、著書冥利に尽きる。

第1章

魅力的な単元末イベントの提案
―日々の授業を探究に―

「探究的な学び」とは

　「探究」が教育業界でのトレンドワードとなっている。しかし、難しさや不安を感じている方も多いことだろう。原因を私なりに分析してみると、以下の3つになる。

　① 探究的な学び（授業）の定義や具体がわからない。
　②「答えのない問いを子ども自身がたて、自分で解決する」というような授業イメージを持ち、実現のハードルが高い。
　③ 探究的な学び（授業）のつくり方がわからない。

　順にみていこう。まず①については、学者や実践者によってさまざまな定義がなされているが、これといえるものはない。本書では、「自分にとっての未知を既知に更新していく試行錯誤」と定義する。（ここに至る経緯は、紙幅の都合で割愛する。）学習指導要領では、「課題設定→情報収集→整理・分析→まとめ・表現」という流れ（必ずしもこの順番ではない）を探究的な学習過程と定義づけている。ひとまず、このような学習過程になっていれば探究的といえるだろう。

　②については、「『探究』なんだから、『子どもたちが問いをたてないといけない』んでしょ？」という思い込みが関係している。確かに問題発見力が大切である現代において、「問う力」を育成する視点は重要だ。しかしそれと同じくらい重要なことは、その問いが確かに考えたいこととして子どもたちの中にあるかということだ。

　では、ここで問いたい。次のうち、どの授業が「探究的な

学び」だといえるだろう。

　Ａ…「北海道と沖縄、どちらに住みたいかを決めてプレゼンで発表会をする」というゴールを設定し、教師とつくった視点をもとに調べてまとめ、発表する授業。

　Ｂ…「地域の魅力を発信したい！」という願いから、子どもたちが思い思いの方法で、思い思いの対象を調べ、まとめて地域に発信する授業。

　Ｃ…「自分が不思議だなと思うこと、興味があることについて調べ、まとめて発表しよう。」と投げかけ、子どもたちがそれぞれの方法で調べてまとめる授業。

　結論を言おう。すべて「探究的な学び」だ。しかし当然、レベルがちがう。参考となるのが以下の図だ。

探究のレベル	問い	過程	結論
確認としての探究	○	○	○
構成された探究	○	○	
ガイドされた探究	○		
オープンな探究			

「The Many Levels of Inquiry」Heather Banchi＆Randy Bell

　これは探究において大事な要素である「問い」「過程」「結論」を、教師がどれだけ設定するかを示した図だ。例えば、「確認としての探究」は、「結論が事前にわかっている決められた問いに対して、決められた方法（過程）で確かめる」学習だ。理科の実験などを思い浮かべればいいだろう。そこから徐々

に○が減り、オープンな探究では「自ら立てた問いに対して、自ら設計・選択した方法で調査する」学習になる。お分かりの通り、先ほど挙げたAが構成された探究、Bがガイドされた探究、Cがオープンな探究にあたる。

　ここで大事なことは、下にいくほどレベルは高くなるが、それが必ずしも「良い」とは限らないということだ。なんでもかんでもオープンな探究にすれば、学んでほしいことが学べなかったり、「這いまわる経験主義」に陥ったりしてしまうだろう。

単元末の魅力的なイベントが授業を探究にする

　最後に③について書こう。具体的にどうすれば探究的な学びをつくることができるのか。それが本書の提案である「単元末に魅力的なイベントを設定する」ことだ。

　ものづくりをしたり、コンテスト形式の大会を開いたり、異学年を招待したり、ゲームをつくって遊んだり…。とにかく楽しいことがいい。ただし、もちろんなんでもいいわけではない。楽しく活動するうちに、自然と教科の学びを達成しているようなイベントである必要がある。これはPBL(Project Based Learning)の考え方だ。

　私たちの生活を思い返しても、「結婚式に向けて5kg痩せよう！」「今度のライブを全力で楽しむために、セットリストを確認して曲を覚えよう」等、イベントによって日々の生活（学び）が変わるという例は枚挙にいとまがない。

　「そんなアイディア思いつかないよ…」という方もおられるだろう。まずは、たくさんの具体を知ることだ。アイディアとは過去の経験や知識が結びついて生まれる。

おすすめの方法は複数人でわいわいと考えてみることだ。今年度の校内研修では、以下の方法で授業を考えてみた。

① 子どもが楽しく取り組めそうな活動をたくさん出す。(授業に活用できるかは度外視し、とにかく数を出す)

② ①で出された活動をすることで、ねらいを達成できそうな教科や単元を考える。

付箋（本校ではICTを活用した）を使いながらＫＪ法のように進めていくとよい。「一発ギャグ大会」というイベントに国語の「同音異義語」が掛け合わされたり、「４コマ漫画づくり」「カードゲームバトル」が歴史の授業で使えるのではないかと考えられたりと、さまざまなアイディアが生まれた。

評価―探究をより充実させるために必要なこと―

「評価」と聞くと、「通知表」を思い浮かべがちだが、それは評価の一側面でしかない。ブルームによると、評価は以下のように分類される。

診断的評価	形成的評価	総括的評価
学習前に、学習者について知ること。	学習中に、学習者について知ること。	学習後に、学習者について知ること。
・知識 ・生活経験 ・興味関心 ・感覚や認知の特性 ・生育歴　など	・何ができているか ・何ができていないか ・できない理由は何か 　　　　　　　など	・何ができているか ・何ができていないか ・どの程度成長したか 　　　　　　　など

もちろん、通知表は「総括的評価」に分類される。さて、この中で一番大切なものはどれだろう。それを考えるために

は、そもそも評価を「何のためにするのか」を考える必要がある。これはずばり、「児童生徒の学習改善につなげる」または「教師の指導改善につなげる」ことだ。

こう考えると、やはり最も重要なことは「形成的評価」だといえる。なぜなら、学習後に「あなたはここができていなかったからB」などと言われても、もうやり直すチャンスはないからだ。

診断的評価、形成的評価は「指導に生かす評価」とも言われる。単に「あなたは90点だからA、きみは80点なのでB」と査定をするのではなく、「面白いことをしているね。どうしてそれをしたの？」と理由を尋ねたり、「ここまでできたのはすごいね。次はこうしてみたら？」と認めたり助言をしたりする関わりが、探究する意欲や探究の質に大きく影響する。苫野氏も『「学校」をつくり直す』（2019、河出新書）の中で、点数評価ではなくこのような言葉での評価（フィードバック）が探究における評価の原則だと主張している。

キーワードは業者テストからの脱却

とはいえ、総括的な評価（評定）も行う必要があるのが現実問題だ。多くの学校での総括的評価は「業者テスト」で行われている。しかし賢明な読者の皆様はお気づきだろうが、業者テストを総括的評価に用いることはいささか問題がある。

例えば、せっかく授業を探究的にしても、評価が業者テストであれば、網羅的に知識を教える時間が必要になってしまう。子どもたちにテストを配る直前になって、「うわっ、これ教えてなかった！」と気づいた経験はないだろうか。私は

ある。自戒を込めていうが、授業と評価が連動していない証拠である。

　また、業者テストの裏面の問題（授業で扱った文章題で数字がちがうだけ等）で「未知の状況にも対応できる思考力・判断力・表現力等」を本当にみとることができるのだろうか。「『かけざん』の単元だから出てきた数字をかけておけば解ける」という間違った認識を与えていないだろうか。

　私たちが法的責任を負うのは学習指導要領だ。これをもとに考えていく必要がある。めざすべきは業者テストの点数をとらせるのではなく、資質能力の育成だ。

　私は今年度４年生の理科を担当しているが、業者テストは購入していない。知識・技能は学期末に自作テストを実施。思考力・判断力・表現力等は授業での成果物や発言、主体的に学習に取り組む態度は授業での振り返りや行動観察によって通知表をつけている。「自作テストづくりが大変だ」と思われるかもしれないが、学期に１〜２回なら持続可能だ。むしろ業者テストの方が採点の回数が増え、大変になるとすら思う。

　いきなりすべてを変えることは難しいかもしれない。私もすべての教科でできているわけではない。しかし、この視点をもって総括的評価をかえていくことは、授業をかえていくことにもつながるはずだ。

コラム①

イベントのはじまり方

　「イベント」をはじめるのは、教師なのか、それとも子どもなのか。「子ども主体」という言葉が流行しているが、子どもの興味関心の枠を広げていくのも教師の大きな役割だ。ただし、その誘い方には工夫を凝らすべきである。

　例えば、100Pで紹介する「地域の魅力を発信しよう」の学習の導入では、門真市の人口が減っているというデータを提示した。人口が減り続ければ、今まで受けていたサービスが受けられないこと、最悪の場合「門真市」がなくなること（門真市は、「消滅可能性都市」となっている）に気づかせた。この事実を知った子どもたちは、「どうしてそんなに減っているのか？」と疑問を持つ。そこで門真市は社会減（転出者数が転入者数を上回る）が多いというデータと「市民意識調査」のアンケート結果を提示する。例えば、「あなたは門真市に愛着を感じていますか」という項目では、４割～５割が否定的回答を示しているのだ。子どもたちはここから、「門真市の魅力を伝えて、愛着を持ってもらうことができれば人口減少を食い止められるのではないか」という仮説をもった（写真：第一時の板書）。

　子どもたちが必要感や切実感を持ったり、「楽しそう！」と意欲的になったりする導入を工夫したい。

第2章

「探究」授業51

国語 × 算数

国語

いらっしゃい！
おみせやさんごっこをしよう

【学年】1年生　　　　【目安時数】6時間
【単元】ものの名まえ（光村図書）
【めあて】身近なことを表す語句の量を増やす。相互に関係のある言葉を整理し、理解する。
【学習の流れ】

時間	学習内容
1～3	教科書を読み、言葉には意味による語句のまとまりがあることに気づく。
4～5	ひらきたいおみせやさんごとにチームを作る おみせやさんごっこの準備をする。
6	おみせやさんごっこをする。

　「魚屋さん」なら「マグロ」「カツオ」などの魚の種類を、「お花屋さん」なら「チューリップ」「菜の花」などの花の種類を考え、イラストとともに描いて準備をする。

【他教科とのつながり】

　子どもたちと相談していると、「お金のやりとりもしたい！」という意見が出てきた。一つひとつの商品に金額をつけ、お金の用意もすることで、より生き生きとした活動になった。

国語

こまクリエイターになって
オリジナルごま説明文を書こう

【学年】3年生　　　　【目安時数】8時間
【単元】こまを楽しむ（光村図書）
【めあて】「こまを楽しむ」の説明の工夫を用いて、自分でもオリジナルごまの説明を書くことで、理解を確かにする。

【学習の流れ】

時間	学習内容
1〜5	説明文を読み、工夫に気づく。
6〜7	「こまを楽しむ」で学んだことを生かして、オリジナルごまの説明文を書く。
8	オリジナルごまの発表をする。

　単元のはじめに、「オリジナルごまの説明文を書く」というゴールと、教師の見本を示す。それを自分で書くためにも、「こまを楽しむ」という文章がどのような書かれ方をしているのかを知っていくことが必要であるという意識が生まれる。

　Canvaの「マジック生成」を使えば、オリジナルごまの画像を作成することができる。

わらいごまは、回すとこまにかかれた顔がわらい出し、そのふしぎさを楽しむこまです。
　このこまは、ふつうのこまとちがって、こまに目や口のように顔がかかれています。
　回し方はふつうのこまと同じですが、わらいごまは回すと顔がわらった顔になります。
　回すはやさによって、わらい方が少しかわります。

実践提供：泉佐野市立小学校　柴田大翔先生

国語

国語

いざ、漢字バトル!

【学年】全学年 　　　　　【目安時数】10分〜

【単元】新出漢字

【めあて】漢字を書くことができるようにする。漢字を書ける
　ようになりたいと思えるようにする。

【学習の流れ】

①２人１組になる（Ａ、Ｂとする）。

②Ａが漢字ドリルを見て、「熟語」の欄に書かれ
　ている言葉を全て読んだ上で、問題を出す。

　（例）「自信・信用・返信・通信の『しん』は？」

③Ｂは、あてはまる漢字を書く。

④どちらかが書けなくなるか、間違うまで続け
　る。

【ワンランクアップのアイディア①】

　教室全員で行う、「漢字サバイバル」も面白い。（原実践は
土居正博先生）

①全員起立する。

②教師が漢字ドリルを見て、「熟語」の欄に書かれている言
　葉を全て読んだ上で、問題を出す。

③全員が空書きする。

④書くことができた人は立ったままにする。間違えた人、書
　けなかった人は座る。少数になるまで続ける（一位を決め

なくても良い）。

【ワンポイントアドバイス】

・座っている人が飽きてきたり、学習にならなかったりするなら、「３問連続で正解すれば復活できます」など「復活ルール」を決めても良い。いずれにしても、座っていても空書きは続けるようにするとよい。

・慣れてきたら、「熟語」欄にある言葉を全て読んで問題を出すのではなく、減らしていく。

・書くことができているかどうかを誤魔化したりする子がいる可能性や、細かいチェックができないことなどに不安を感じられる先生は、ミニホワイトボードを活用してもよい（ミニホワイトボードは、Ａ４のコピー用紙をラミネートして自作する）。

　いつも机にホワイトボード用のペンとメラミンスポンジ（消す時に用いる）を入れておき、ミニホワイトボードを使うときに活用する。若干テンポは落ちるが、漢字サバイバル以外でも使えるので作っておくと何かと便利。

【ワンランクアップのアイディア②】

　書くことがだいたいできてきて、漢字の活用力をつけたくなった場合は、「熟語バトル」もできる。

①２人１組になる。

②２人で共通の漢字を決める。

③その漢字を使った熟語を交代で言っていく。言えなくなった方の負け。

　ほかにも、グループでできる限りホワイトボードに書き出して、数を競うなどのバリエーションも考えられる。

国語

「海の命エピソード2」を書き、読み合おう

【学年】6年生　　　　　【目安時数】12時間

【単元】海の命（光村図書）

【めあて】「海の命エピソード2」を書くことを通して、「海の命」を読み深める。

【学習の流れ】

時間	学習内容
1〜2	範読、音読、語彙の確認 構成と内容の把握（表の作成）
3〜4	構成と内容の把握（表の完成） 単元末の活動をどうするのかを決める 　（「エピソード2」を書くことを決める）
5〜7	「エピソード2」を書くにあたり、何を考えなければいけないかを考える。 ①中心人物の名前と人物像 ②事件と中心人物の変容 ③主題（作品の心） 以上の3つが出てきたので、この3つを書きながら、読みが深まることをめざす。
8	chatGPTが書いた「海の命エピソード2」を読み、作者である立松和平の大事にしたかった世界観や表現の特色、作品の主題について考える。
9〜11	8時間目で話し合ったことをもとに、今後考えることを決める。 ①主題　②表現の特色（比喩、色彩語、文末表現） 以上の2点を考え、書くことを通して、「海の命」を読み深める。

24

| 12 | 班ごとに発表する。
単元のふり返りをする |

紙面の都合上、第1時〜第4時については省き、第5時からの「エピソード2を書く」活動について詳しく書く。

Canvaを用いて、4人1組の班で物語を創作した。子どもたちは、創造力を働かせながら、それでいて本文にも立ち戻りながら、物語の創作と本文の読解を進めていった。

第1〜第4時で物語の大筋は把握したものの、まだ理解が進んでいない子もいる。また、「読みを深める」とはどういうことか、イメージできていない子もいるように感じた。

そこで、あるグループでの対話の様子を板書し、全体化した。

板書の通り、初めは「悪いやつを倒して欲しい」という願いから「将除」という名前にしようと考えていたA児が、教師からの問いかけと仲間（B児）からの指摘により、考えが変わっていった。作品の読みとしては低次であるが、A児にとっては大事な気づきである。この姿のように、「今までは着目していない言葉に着目した結果、考え方が変わる」ことを「読みが深まった」とすることにした。

国語

【第8時―ChatGPTとの比較―】

　多くの班で大筋ができてきた頃、下のようなChatGPTで作成した「海の命エピソード2」を提示した。

> 海の命　エピソード2　〜海斗と不思議な魚〜　　ChatGPT
>
> 　ある日、太一の息子の海斗は、村一番の漁師である父親の影響を受け、自分も漁師になることを夢見ていました。村の海で、父の友達である与吉じいさから漁の手ほどきを受け、たくさんの魚を取ることが得意になりました。
>
> 　ある日、海斗は海の中で小さな魚を見つけました。その魚は、たくさんの魚れた銀色の海の中で、キラキラと虹色に光り、まるで宝石のようでした。日光に照らさを見てきた海斗でも、初めて見るような、不思議な魚でした。それを見て、海斗はみは青くかがやいていた、すいこまれそうな力がありました。
>
> 「これが父が言っていた海の命なのかな?」と考えました。
>
> 　数年後、村は海斗のもとでとても栄えました。彼は村一番の漁師としてだけでなく、村人たちのリーダーとしても尊敬されていました。海斗がみんなに漁を教えたことで、村人たちも漁が上手くなり、漁獲量は大きく増えていました。おかげで、村の人たちは、昔に比べてたくさん魚を食べることができるようになりました。海斗は与吉じいさと太一から受け継いだ教えを大切にし、与えられた限られた命を尊重しながら生き続けました。

　子どもたちは自然と、教科書の本文と自分たちが創った「エピソード2」、そしてChatGPTがつくった「エピソード2」を比較する。

　その結果、「与吉じいさがまだ生きて登場しているのがおかしい」「『漁獲量が大きく増える』というのは、『海の命』の作品にはあわない」といった批判的な意見が出され、物語の設定や主題をより確かにすることができた。また、海斗が見つけた魚の描写については、「なんかうまく言えないけど、ここはいい感じがする」といった意見を皮切りに、「なんかいい感じ」を言語化する中で、「海の命」には色彩表現や比

第 2 章 | どんなイベントが可能か

喩表現が多用されていたことに気づくことができた。この学びを生かし、この後（9〜11時）自分たちでつくる「エピソード2」には、色彩表現や比喩表現を使う子どもたちの姿があった。

【子どもたちがつくった「海の命エピソード2」の一部】

全てを紹介することはできないが、子どもたちは作者である立松和平さんが「海の命」で伝えたかったことをしっかりと受け止め、オリジナルの「エピソード2」を書いた。そこには、ChatGPTから学んだ色彩表現や比喩表現も入れ込むことができていた。

【他単元でもオススメ】

本実践は、坂本良晶先生の「やまなし」実践から着想を得た。「書くために読む」「読みを書きに生かす」という構造は、特に国語科では転用しやすい。

国語

筆者にお手紙を届けよう

【学年】6年生　　　　　【目安時数】13時間

【単元】笑うから楽しい・時計の時間と心の時間（光村図書）
　　　　＋自作教材

【めあて】筆者に対して自分の考えを伝える力を育む。

【学習の流れ】

時間	学習内容
1〜3	説明文で学んできたことの復習 「笑うから楽しい」の学習
4〜9	「時計の時間と心の時間」の学習
10〜13	「パソコンが子どもたちにもたらすもの」の学習

　「筆者にお手紙を書こう」で大事なことは、「筆者に届く前提で書く」ということだ。「届けるつもりで書こう」と100回言うことと、「実際に届くよ」と1回言うのでは、どちらが手紙を書く意欲につながるだろう。私は後者だと考える。

　しかし、教科書に載っている説明文の筆者に手紙を届けるのは、容易なことではない。しかし、簡単な方法がある。説明文を教師が書くことだ。もちろん、名前は隠す。私は、「青野木和花」という名前にした。ローマ字にすると「AONOKI WAKA」。並び変えると、「AWAKO　NAOKI」（粟子　直毅）という私の本当の名前になる。いわゆるアナグラムだ。このような遊び心を忍ばせつつ、次のような説明文を書いた。ぜひ、子どもになったつもりで読んでみてほしい。

パソコンが子どもたちにもたらすもの

青野木 和花

今から三年前、全国の学校の子どもたち一人ひとりに、パソコンやタブレットが配られることになった。新型コロナウイルスによってオンライン授業をする必要が出てきたことがきっかけのように思われているが、実はそうではない。目的は、子どもたちの学びや生活を豊かにし、立派な大人へと育てるためだ。

確かに、学校には行けないが身体は元気だという時に、オンラインで授業を受けられたり、今まではできなかった活動ができるようになったりと、便利な側面もある。しかし、本当に子どもたちの学びや生活は、一人一台のパソコンによって豊かになっているのだろうか。一人一台のパソコンがもたらしたものは、恩恵よりもむしろ、損害の方が大きいのではないだろうか。

一人一台のパソコンがもたらしたもので、まず思いつくのは、身体への損害である。パソコンの画面からは、ブルーライトという光が出ている。これによって、目がつかれたり、視力が低下したりすることが考えられる。また、夜中のすいみんが浅くなってしまい、日中につかれが出ることもある。眼鏡やコンタクトをつけずに視力を測定したときに一・〇未満の小学生の割合は、一九七九年では約二十％だったが、二〇一六年では約三十一％となり、年々増加する傾向にある。これはおそらく、パソコンが原因だろう。

また、休み時間や放課後にもパソコンに夢中になると、外へ遊びに行ったり、運動をしたりする機会が減ってしまう。そのため、今の子どもたちは運動不足になり、運動能力の低下が続いている。

その証拠となるものが、資料2である。全国の小学生を対象にした体力テストでは、男子も女子も得点が低下し続け、昨年度はついに過去最低の平均点数となった。このままでは、パソコンにかじりついて運動をしない小学生がどんどん増え、体力テストの平均点はますます低くなっていくだろう。

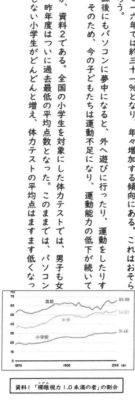

資料1 「裸眼視力1.0未満の者」の割合

さらに、学力や脳の働きを低下させる危険性もある。授業中、先生や友だちの話を聞く場面でもパソコンをさわり続けていることにより、大切な情報を聞き落としてしまう子どもは少なくない。ひどい場合は、授業に関係のないページを見ている人もいる。

「パソコンは学習にしか使っていないから、大丈夫だ」という人もいるかもしれない。ここで、難しい言葉の意味を、紙の辞書で調べたときとパソコンで調べたときの脳の活動を測定した実験を紹介しよう。この実験からは、資料3のように、紙の辞書で調べた方が脳の活動は活発になることが分かっている。そして、この実験後、調べた言葉の意味を聞くと、紙の辞書で調べた人は半分程度が答えられたのに対し、パソコンを使って調べた人はほとんどが答えられなかった。脳科学者の川島教授は、「紙の辞書と比べると、パソコンで調べる方が簡単です。簡単なので、脳は働きません。そして簡単にきたことは、すぐに忘れてしまうのです」と述べる。パソコンが導入されてから、紙の辞書を使う人は少なくなってしまった。パソコンで調べた方が、一見すると速くて便利なように思えるが、せっかく調べても覚えておらず、脳も働いていないのなら、意味がない。

最後に、人間関係にとっても悪いことがある。今までは顔と顔を合わせ、直接コミュニケーションをしていたが、一人一台のパソコンはその機会もうばいつつある。子どもたちはインターネット上でやりとりをし、直接対話をすることが減ってしまった。その結果として、人の気持ちを考えないようになってしまっていることは、「ネットいじめ」が年々増加していることから考えても、明らかだろう。

このように、パソコンが子どもたちにもたらすものは、損害の方が大きい。視力などの身体機能や運動能力の低下に加え、脳の働きと学力の低下や、人間関係の悪化など、挙げ出せばきりがないほどだ。だからこそ、今の子どもたちには、パソコンはできる限り使わないでほしい。そして、昔の子どもたちがそうであったように、身体をめいっぱい動かして、紙の辞書で言葉を調べ、顔と顔を合わせて直接話し合うという学びを大切にしてほしい。子どもたちが立派な大人へと育つためには、パソコンは使わない方がいいのである。

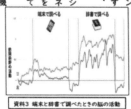

資料3 端末と辞書で調べたときの脳の活動

資料2 小学生体力テスト合計点の平均

いかがだっただろうか。お分かりの通り、あえて「ツッコミどころ」を入れた文章になっている。例えば、以下の点である。

・視力の低下の根拠となるデータが古い。2016年までのデータであれば、それ以降に導入された一人一台端末の影響はわからない。また、視力低下の原因がパソコンにあるとは言い切れない。

・体力テストの低下の原因が、一人一台端末の影響であるとは言い切れない。因果関係ではなく、相関関係があると言える。例えば、パソコンが導入された時期とほぼ同時に、新型コロナウイルスの感染拡大があった。コロナ禍で十分に運動ができなくなったことや、マスク生活が関係していることも考えられる。

・「パソコンは子どもたちにとって損害を与えることの方が大きい」と主張しているが、本論部分で一人一台の利点については触れられていない。「方が」というなら、利点についても検討し、比較すべきだろう。

　子どもたちは初めは納得しながら読んでいたが、読みを深めるにつれて批判的に読むことができるようになってきた。そして、青野木さんに心をこめた手紙を書いた。（季節のあいさつや体の心配まで書いてくれた。）

　ほかにも数点「ツッコミどころ」はあるが、読者の皆様はどう読まれただろうか。ぜひ、手紙を書いて送ってほしい。

※1～9時間目までの詳細は、本書では割愛する。

　具体的な学習内容や板書については、次の二次元コードから読み取れる。

算数

10をつくれ! 神経衰弱大会

【学年】1年生　　　　【目安時数】30分

【単元】いくつといくつ（啓林館）

【めあて】10の構成の理解を確かなものにする。

【学習の流れ】

①4～5人1組でグループをつくり、座席を班の形にする。

②1～10と書かれたカードをそれぞれ2枚ずつ用意し、グループごとに配付する。

③カードを全て裏に向け、神経衰弱をする。ただし、「1と9」「2と8」のように、あわせて10になるカードの組み合わせを選べばいいことを伝える。

【ワンランクアップのアイディア】

　他のバリエーション「10になるカルタ」を紹介する。

①②は上記と同様。

③教師が「10は、4と…」と読み上げれば、「6」を子どもたちがとるようにする。それぞれ2枚ずつあるので、2人が同時にとる形になる。

【他教科・他学年でもオススメ】

　トランプやカルタゲームは、さまざまな教科・単元で実施できる。例えば6年生の社会科では、歴史人物を取り札に、人物が行ったことを読み札に実施することもできる。高学年なら、読み札を自分たちでつくっても面白い。

算数

第2章 ｜ どんなイベントが可能か

九九ビンゴ大会

【学年】2年生 　　　　【目安時数】45分

【単元】かけ算のきまり（啓林館）

【めあて】九九のきまりに気づく。

【学習の流れ】

⓪事前に「1×1」～「9×9」の式が書かれたカードを1枚ずつ用意し、袋や封筒などの外から見えないものに入れておく。

①縦3マス・横3マスの9マスのビンゴカードを配付する。

②九九ビンゴの説明をする。「この袋には、九九の式が書かれたカードが入っています。今から1枚ずつ引いていきます。みんなは、その式の答えを予想して書きます。例えば、先生が6×2をひいたら、答えは？」「12」「そうだね。だから、12と書いていたら、そこを〇にします。」「たて・よこ・ナナメの一直線がそろったら、ビンゴです。」

③子どもたちは九九の答えを書く。好きな数字を書いている子もいれば、「12」や「24」など、出る確率が高い数字を多く書いている子もいる。

④一度ゲームをした後、どの数字を書くと良いのかをみんなで考える時間をとると、めあての達成につながりやすい。

【他教科・他学年でもオススメ】

　新出漢字、社会や理科の重要語句等、ビンゴの汎用性は高い。さまざまな教科・学年で実施できる。

算数

『ちょっとななめ』探し

【学年】4年生　　　　【目安時数】45分

【単元】角とその大きさ（啓林館）

【めあて】身の周りにある角を見つけ出し、角の大きさを調べたり、比較したりする。

【学習の流れ】

　NHKの番組「デザインあ」の中に出てくる「ちょっとななめ」という曲がある。

　右の二次元コードから、youtube で見ることができる。2分30秒から始まる。

① 動画をみんなで視聴し、「身の周りにある『ちょっとななめ』を探しに行こう！」と持ちかける。

② 子どもたちは端末をもち、校内で『ちょっとななめ』を見かけたら写真に撮る。

③ 時間になったら戻り、padletなどで共有する

④ 「ここは、なぜ『ちょっとななめ』なんだろうね？」「もし『ちょっとななめ』になっていなかったら、どうなる？」などと補助的に発問し、角度がつけられている理由を考える。

↓→子どもが撮った写真や活動の様子

算数

「算数コンテスト」

【学年】 中学年～ **【目安時数】** 10分～
【単元】 全単元
【めあて】 楽しみながら、粘り強く問題に向き合う力

私が３・４年生の算数少人数指導担当の年に実践した。火曜日の20分休みに参加したい子だけが算数教室に来て、問題に取り組む。できそうでできない、でも粘り強く考えればできる、そんな問題を解く。（下図）

問題のネタは以下の書籍やインターネットなどを利用して収集。

画用紙にファイリングし、クリアできたらはんこやシールを集めていくと、頑張りが可視化されてよい。

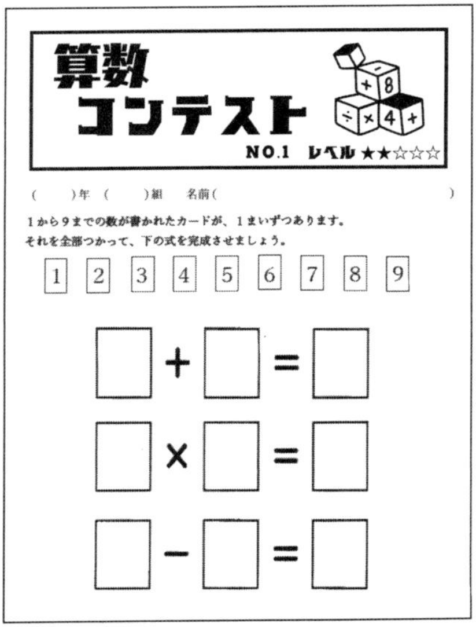
算数
コンテスト
NO.1　レベル★★☆☆☆

（　　）年（　　）組　名前（　　　　　　　　）

１から９までの数が書かれたカードが、１まいずつあります。
それを全部つかって、下の式を完成させましょう。

1　2　3　4　5　6　7　8　9

□＋□＝□

□×□＝□

□－□＝□

【参考図書】

「教室熱中！めっちゃ楽しい算数難問１問選択システム」（学芸みらい社／木村重夫・林健広 編）

「考える力がつく算数脳パズル整数なぞぺ～小学4～6年編」（草思社／高濱正伸・川島慶 著）

算数

どんぐりはいくつある?!

【学年】1年生 　　　　【目安時数】5時間
【単元】大きな数（啓林館）
【めあて】10のまとまりをつくる良さを感じる。
【学習の流れ】

　秋の遠足で近くの大きな公園に行って遊び、最後にどんぐり拾いをして帰る。当初は生活科の「あきのおもちゃをつくろう」という学習で活用しようと考えていた。

　学校に帰ってから子どもたちが拾ったどんぐりを集めると、段ボール数個分になった。それを見た子どもたちは歓声を上げ、「すごいすごい！！」「いくつ集まったのかな？」「1000をこえてるかな？！」と口々につぶやいていた。おもちゃの材料としてではなく、集まった数に着目していた子どもたちを見て、算数の教材にした方が面白そうだと考えた。そこで、「いったいいくつ拾ったのか？」という大きな問いを設定し、どんぐりの数を数える学習がスタートした。

　4〜5人の班をつくり、それぞれにどんぐりを分けていった。やる気満々で始まった子どもたちだが、次第に顔が曇っていく。しばらく経って、おなやみを全体で共有する。

　すると、「どんぐりが落ちていっ

第2章 | どんなイベントが可能か

て困った」「みんながそれぞれに数えるから、ぐちゃぐちゃになってしまった」などのおなやみが出された。解決策をみんなで考えて話し合い「10こずつ紙コップに入れていく」という方法に落ち着いた。

次の日。教師が用意した大量の紙コップを見た子どもたちは、「これで数えられるね！」と目を輝かせた。10ずつ数える良さを実感しながら、意気揚々と活動するのも束の間。またしてもうまくいかな

い。あれだけ大量にあった紙コップを使い切ってしまったのだ。ここでさらに話し合いが起こる。結論から言うと、「10を10こ集めたら100だからさ、紙コップを10個集めたら、はこに移そうよ」という話にまとまった。ちょうど「はこの形」の単元が終わったところで、おかしの箱がたくさん教室にあった。これを使って100を数えていく。

最終的には、1000の箱もつくって数え、合計5692個あったことがわかった。子どもたちは試行錯誤を楽しみながら、10のまとまりで数える良さを実感していた。

37

算数

熱中をうむ授業びらき
「先生は超能力者?!」

【学年】4年生〜　　　　【目安時数】1時間

【めあて】これからの算数の授業に期待をもつ

【学習の流れ】

　4月。新年度になって初めての授業。子どもたちは、「今年の先生はどんな授業をするのだろう」と不安と期待でいっぱいのことだろう。この授業は単発で行い、イベントに向けて子どもたちが学習を進めていくものではない。その意味で、他の実践と少し性質が違うが、子どもたちを楽しい算数の世界に誘うきっかけとなる授業だ。

①授業冒頭で、「先生、実は超能力があるんだよね。計算する前に、答えがわかっちゃうんだ」などと言い、子どもとのやりとりを楽しむ。半信半疑の子どもを一人指名し、3桁の数字を一つ言ってもらう（「476」と言ったとする）。

「もう、答えがわかったよ」と、紙に数字を書いておく。書いた紙は、数字を見られないようにして折りたたみ、子どものポケットなどに入れておいてもらう。

②また別の子を指名し、好きな3桁の数字を言ってもらう（「273」という数字にしたとする）。

③ここで、「じゃあ、先生も参加しようかな」と言って、おもむろに数字を言う（ここでは「726」にする）。

④「ほかにも言いたい人？」ともう一人を指名し、3桁の数

字を言ってもらう（「591」と言ったとする）。

⑤「じゃあ、先生は408にするね」これで、5つの数字が出そろったことになる。全ての数字をたすように指示を出し、答えをみんなで確認する（この場合、2474となる）。

⑥教師の初めに書いていた紙を開示する。答えが「2474」と一致し、教室は騒然となる。

ポイントは、教師の介入によって「2回の999」をつくることだ。各位の数字が9になるように、子どもの数字に合わせて言うだけなので容易だろう。

「999」は、「1000-1」と考えることもできる。「2回の999」は、「2000-2」だ。つまり、初めに出てきた3桁の数字に、2000を足して2を引けば、答えになる。

子どもたちからは、「もう一度やってほしい！」という要望が出るだろう。何度か繰り返すと、共通点が見えてくる。出す数を工夫する子もいるだろう。実態によっては、あえて「種明かし」をせずに授業を終えても面白い。

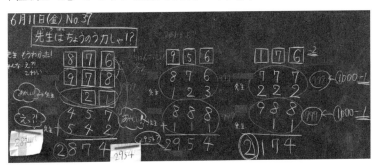

先行実践、「細水保宏の算数授業のつくり方」

算数

テストモンスターを倒せ!

【学年】全学年　　　　　【目安時数】10 分 + a

【単元】全単元

【めあて】知識や技能を定着させようとする態度・行動を育む。

【学習の流れ】

　単元末テストに向けて、クラスの合計目標点数を考える。合格点数を一人 80 点と設定したら、30 人学級の場合、80 × 30 = 2400 点という具合である。そして、「テストモンスター」を作成し、目標点数を「ＨＰ」とする。「学級として上回ることができればみんなの勝ち！」とすれば、単元末テストもイベントになり、モチベーションアップにつながる。

　一人ひとりが 80 点をとればもちろん「勝ち」であるが、そう簡単にはいかない。計算間違いで 70 点になることもあれば、実力不足で 50 点をとってしまう子もいるだろう。

　そこで考えられる対策としては、主に 2 つが出される。1 つめは、苦手な子が点数をとれるように勉強を教えること。2 つめは、自分がケアレスミスをしないように見直しをしたり練習をしたりすることである。この 2 つは、教師が子どもにしてほしいと望んでいることである。

　算数が得意な子が 90 点をとれば、苦手な子は 70 点でいい。このようにして、クラスで苦手をカバーし合う関係をつくっていくことができる。

　見事テストモンスターを倒すことができれば、クラスでお

第2章　どんなイベントが可能か

祝いをしたり楽しんだりするイベントを企画するのもよい。

【学習の様子】

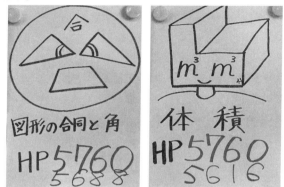

　モンスターの容姿を、学習内容に関係のあるものにすると面白い。左は5年「図形の合同と角」、右は同じく5年「体積」のテストモンスター。

【ワンランクアップのアイディア】

　Canvaの「マジック生成」という画像生成アプリを使えば、子どもたちがモンスターをつくることもできる。

↓2年「長さ」　　　　　↓1年「なんじ・なんじはん」

社会

○○市　ゆるキャラ総選挙

【学年】3 年生　　　　　【目安時数】11 時間

【単元】市の様子

【めあて】市の特色を捉え、それを象徴するキャラクターを作
　ることを通して、理解を深める。

【学習の流れ】

時間	学習内容
1〜3	市の航空写真を見たり、知っていることを共有したりする中で、学習問題をつくる
4〜8	土地利用、交通、公共施設、古くから残る建造物などを調べる。
9〜10	ゆるキャラをつくる
11	発表し、総選挙を行う

　くまモンやひこにゃんなど、多くの自治体に「ゆるキャラ」
はすでに存在している。門真市でも「ガラスケ」が採用され
ているが、「○○に代わる新しいゆるキャラをつくろう」とい
う課題を設定する。ゆるキャラの設定を読み取っていくと、
そこには市の思いや願いが込められていたり、地域の産業（土
地の利用）が関わっていたりする。

　子どもがゆるキャラをつくる際にもそのような視点に気づ
かせ、生かしていきたい。

第2章 | どんなイベントが可能か

【ワンポイントアドバイス】

このような課題のときには、絵が得意な子だけが活躍してしまう場合がある。Canvaのマジック生成アプリを活用することで、絵が苦手な子どもでも楽しく活動できる。

【学習の様子】

ただゆるキャラを作って終わりではなく、ゆるキャラのデザインを作ったときのプロンプトや、ゆるキャラの説明を書くように求めることで、それまでの学習が生きるようになる。下は教師作成の見本。

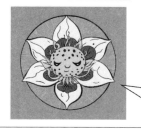

名前：はすねん

【プロンプト】
・れんこん　はすね　桜　平和

【ゆるキャラのせつめい】
門真市といえば、やっぱりレンコンが有名です。そして、砂子水路の桜もとてもきれいなので入れました。「平和」というキーワードは、幣原喜重郎さんが門真市出身だから入れました。
幣原さんは、ないかくそうり大臣として、「平和けんぽう」ともよばれるけんぽう第9条のもとをつくった人です。

わいがはすねんやねん！
門真市はええとこやねん！
またきてな〜！！

【他学年でもオススメ】

「ご当地ゆるキャラ」は、4年生社会科の「日本の47都道府県を旅しよう」（日本文教出版）などでも転用できる。流れとしては同じで、県の特色や主な産業を学び、その学んだことをプロンプトや説明に生かすというもの。

43

社会

みらいの車コンテスト

【学年】5年生　　　　　【目安時数】7時間
【単元】自動車をつくる工業（東京書籍）
【めあて】今の自動車づくりの良さと課題を考え、問題を発見・解決する力を育む。

【学習の流れ】

時間	学習内容
1	問いづくりを行い、「未来の車を考える」という学習のゴールのために何が必要かを考える。
2〜4	自動車の製造工程や関連工場、消費者に届くまでの過程を調べ、日本の自動車づくりの良さや課題を見つける。
5〜6	今の自動車づくりの良さと課題を踏まえ、「みらいの車」づくりをする。
7	みらいの車コンテストを行う。

「解決したい問題」と「（その問題を）解決できるみらいの車」を書く。AIで画像生成し、名前やこだわりポイントなども含めて、一枚のシートにまとめる。プレゼンしたり、画像を見あったりして、共有する。

社会

第2章 | どんなイベントが可能か

プレゼンチャンピオンを決めよう

【学年】5年生 　　　　【目安時数】6時間 + α

【単元】あたたかい土地のくらし・寒い土地のくらし

【めあて】情報を調べ、まとめる力をつける

【学習の流れ】

時間	学習内容
1	単元の流れを説明 問いづくり どちらを調べるのか決定。
2〜4	調べ学習・スライドづくり
5	発表①グループチャンピオンを決定
6	発表②クラスチャンピオンを決定

　5年生社会科の「あたたかい土地のくらし」と「寒い土地のくらし」は選択単元であり、どちらか一方を学習することになっている。第1時では、「北海道と沖縄では、どちらに住みたいか」を選び、「相手を説得できるようにプレゼンする」

あなたはどっち!?北海道VS沖縄　ルーブリック表

	内容	説得力	+αの工夫
S	視点（良さ、弱点の対策、文化、産業）の4つに加えて、新しい視点も用意している。	・画像・グラフと言葉を関係づけながら、効果的に用いて説明している。 ・教科書や資料集から引用している。	・面白さ、話し方、独自性（他の人が気づいていない）、スライドの見た目などの工夫が3つ見られる。
A	視点（良さ、弱点の対策、文化、産業）が、4つ入っている。	・画像と言葉を関係づけながら、効果的に用いて説明している。 ・教科書や資料集から引用している。	・面白さ、話し方、独自性（他の人が気づいていない）、スライドの見た目などの工夫が2つ見られる。
B	視点（良さ、弱点の対策、文化、産業）が、3つ入っている。	・画像だけ、言葉だけで説明している。	・面白さ、話し方、独自性（他の人が気づいていない）、スライドの見た目などの工夫が1つ見られる。
C	視点（良さ、弱点の対策、文化、産業）が、2つ入っている。	・説明がない。	工夫が見られない。

45

という単元のゴールを示した。発表する際は、以下の2段階で優勝者を決めることを伝えた。

① 予選リーグを班（5人〜6人）で行い、全員が発表し合って、一番よかったプレゼンターを決める。
② 予選リーグの優勝者がクラス全員の前で発表し、一番よかったプレゼンターを決める。

また、評価の視点は子どもたちと相談しながら決定し、明確にしておくとよい。

発表を聞きながら、ルーブリックをもとに相互評価していく。その際に活用できるワークシート例は、右の二次元コードからダウンロードできる。

↑グループでの発表の様子

↑全体での発表の様子

【他教科との関連】

調べ・まとめる時間が足りない場合は、国語（光村図書）「目的に応じて引用するとき」とつなげることで、「情報収集と引用」だけの時間をとることもできる。

第2章 | どんなイベントが可能か

【他教科・他学年でもオススメ】

「プレゼンコンテスト」はさまざまな教科・単元で実施可能。おすすめの本や映画を紹介し合い、1位を決めるのも面白い。ほかにも、体育や特活の時間で新しい遊びやスポーツをグループで考案してコンテストを行い、1位に選ばれた遊びやスポーツをみんなで一度やってみるという展開も可能だ。

【ワンランクアップのアイディア】

石井氏は「授業づくりの深め方」（2020、ミネルヴァ書房）の中で、「導入が豊かすぎる、『わたり』があって『もどり』のない、『尻すぼみ』の単元展開」を批判し、「教科する授業」を提案している。「教科する授業」とは、「出口が豊かで『もどり』（＝生活への埋め戻し）がある『末広がり』の単元展開」がある授業だ。

本実践でも、『もどり』を意識した単元末の活動を設けた。具体的には、「google earth を使って北海道（沖縄）を散歩してみよう」という活動だ。

この活動によって、学習したことを生かしてそれぞれの土地の工夫に気づく子ども（「本当に沖縄の家はこんなつくりなんだ」「北海道の道、ずーっとまっすぐで、横が全部畑。だからこんなにたくさんの作物が取れるんだ…」などの気づき）や、さらなる「はてな」が浮かぶ子ども（「北海道の信号が、雪から守るためにたてになっているところもあるけれど、大阪と同じで横のものもある。なぜだろう？」などの疑問）がいた。

社会

47

社会

偉人ボードゲームをつくって遊ぼう

【学年】6年生 　　　　　【目安時数】6時間

【単元】歴史単元全般

【めあて】社会の発展に大きな働きをした偉人の業績や生き様について理解し、資料を活用して情報を適切に調べ、まとめる技能を身につける。

【学習の流れ】

時間	学習内容
1	ゴールを知り、詳しく調べる偉人を決める。
2〜4	偉人を調べながら、ボードゲームを作成する。
5〜6	ボードゲームを使って遊ぶ。

　時数に余裕があるなら、ある程度偉人を学んだタイミングで特設的に行ってもよいし、単元に組み込んでもよい。いずれにせよ、「ボードゲームをつくる」という魅力的なゴールに向かって進んでいくためには、偉人の人生を調べていく必要がある。ボードゲームといっても、大筋はすごろくである。ここに、出来事に応じてポイント付与やマスを進めるなどの要素を加えるとよい。

【ワンポイントアドバイス】

　マスは多すぎると作るのが難しいので、15 〜 20 くらいでよい。すべてのマスを埋める必要はなく、あけていても構わない。その人物にとって重要な出来事をマスにしていくこと

で、情報の取捨選択能力が身につく。

デジタルでも手書きでも作成できるよう、いくつか型を用意しておくとよいだろう。型なしで一から作るという子が出てもよいが、すごろくのような形になるように留意する。遊ぶ際は、普通のさいころを使うとすぐに終わってしまうため、4は1、5は2、6は3というルールにして、1～3までしか出ないように設計するとより楽しめる。

【ワンランクアップのアイディア】

テーマを「人物」ではなく、「時代」にしても面白い。

「平安時代」や「鎌倉時代」の主な出来事をすごろくにすることで、時系列が整理される。

下は教師作成の見本。この見本のほか、テンプレートを2種類用意した。

テンプレートは右の二次元コードから利用できる。

【他教科・他学年でもオススメ】

歴史人物（偉人）の一生を追うという意味では、5年生国語の伝記の学習の方が適しているかもしれない。

また、すごろくのようなボードゲームは、時系列に整理したい学習で転用可能だ。

例えば、2年生の生活科「大きくなったわたしたち」や、5年理科の「ヒトのたんじょう」などで、時系列に整理することができる。また、5年社会の「米作りのさかんな地域」では米作りの手順を、「水産業のさかんな地域」では魚介類を水揚げしてから消費者に届けるまでを整理することも考えられる。特別活動で「学級の思い出をすごろくにしよう」とすれば、作成の過程の中で1年間を振り返りつつ、みんなで最後にゲームをすることで所属感を強めることにもつながる。

ほかにも「桃太郎電鉄」のように、地理的に整理するのも面白い。例えば2年生の「校区探検」や、3年生の社会科「市の様子」の学習のまとめとして、地元地域の白地図にすごろくのように魅力をまとめていくことができる。

このように考えると、「すごろく」はかなり汎用的なテンプレートだ。ぜひ、活用してほしい。

社会

「Ijinstagram」で「いいね」をかせげ

【学年】 6年生　　**【目安時数】** 単元の学習時間 +2 時間
【単元】 歴史単元
【めあて】 偉人になりきってSNSの投稿をつくることで、当時の時代背景や偉人の考え方を自分事として捉える。

【学習の流れ】

高学年の子どもたちだと、SNSを使っている子どももいるだろう。「Instagram」ならぬ「Ijinstagram」（偉人スタグラム）に投稿したような画像をつくる。「いいね」「バッドボタン」「コメント」の数を書き入れるようにすれば、偉人に対する民衆の見方を想像することにもつながる。単元を終えた後、学習のまとめ

として実施するとよい。右上のようなテンプレートを用意し、子どもたちが投稿をつくった後はpadletで共有する。事実を捉えているか、時代背景をくんでいるか、ユーモアがあるか等の視点で、padletに共有された友達の投稿の中から3つを選び、「いいね」をつける。一番「いいね」を稼いだ人が優勝だ。右の二次元コードから、テンプレートをダウンロードできる。

社会×国語

観光パンフレット NO.1
～最も行きたくなる国は？～

社会

【学年】6 年生 　　　　　　【目安時数】7 時間

【単元】日本とつながりの深い国々 （東京書籍）

【めあて】外国の特色を調べ、読む人が「行ってみたい！」と
思う魅力的な書き方でまとめる。

【学習の流れ】

時間	学習内容
1	ゴールを知り、詳しく調べる国を決める。
国語	パンフレットの作り方、すいせんする文章の書き方、書き表し方の工夫等を学ぶ。
2～6	外国について情報収集する。
国語	パンフレットを作成する
7	成果物を読みあい、「行きたくなった」という気持ちにさせたパンフレットを選ぶ

　国語では、「おすすめパンフレットをつくろう」（光村図書）という単元がある。海外の観光パンフレットを作成するという課題にして、教科横断的に進める。

　観光パンフレットは、地域活性化センターが行っている「ふるさとパンフレット大賞」の作品などを参考にするとよい。次頁に示すように、調べる内容がリスト化されていると、動きやすい。見本とリストのリンクをまとめておく。

第２章 | どんなイベントが可能か

NO.1 観光パンフレットをつくろう！ 「日本とつながりの深い国々」

調べる国	その国を調べる理由

●社会科の見方（こんな点に着目して、調べてみよう。調べたものは、□に☑しよう！）

・基本情報（国旗とその意味、首都、面積、人口、主な言語）

□気候　□地形　□位置　□環境　□日本との関係・つながり

・衣食住の特色について

□伝統的な服と日常的な服　□特色ある料理や食事のマナー　□伝統的な建物や現代的な建物

・学校の様子や子どもたちの生活について

□授業の様子　□お昼の様子　□放課後の生活

・文化やスポーツ、産業について

□季節の行事　□どのような宗教があるのか　□人気のある世界遺産

□人気のあるスポーツ　□人々の仕事やさかんな産業

・その他、自分が興味あること、自分のはてな

□　　　　　　　　　　　　　　□　　　　　　　　　　　　　　□

●社会科の考え方（集めてきた情報を、整理してみるときにこう考えてみよう！）

比較する	分類する	関係づける	総合する
← 同じところは？ → 違うところは？	分けるなら？ 同じ仲間は？	これが原因だ つながっている	つまり・・・ このように・・・ まとめると・・・

●評価

	知識（社会科の見方）	思考（社会科の考え方）	表現（パンフレット）
S	・社会科の見方を5つ以上使い、教科書も資料集もネットも活用して情報を調べている。 ・自分のはてなを調べている。	・社会科の考え方を3つ以上使っている。 ・調べたことだけでなく、自分の考えたことをまとめている。	・国語で学んだ「パンフレットの書き方」を3つ生かしている。 ・自分なりの工夫がある。
A	・社会科の見方を4つ以上使い、教科書とネットを活用して情報を調べている。	・社会科の考え方を2つ使っている。 ・調べたことだけでなく、自分の考えたことをまとめている。	・国語で学んだ「パンフレットの書き方」を2つ生かしている。
B	社会科の見方を3つ以上使い、教科書かネットを活用して情報を調べている。	・社会科の考え方を1つ使っている。	・国語で学んだ「パンフレットの書き方」を1つ生かしている。

社会

53

理科

風の力でどこまでいける?

【学年】3年生　　　　【目安時数】6時間

【単元】風とゴムの力のはたらき（啓林館）

【めあて】よく動く車と動かない車を比較し、問題を見つけ出して試行錯誤する力をつける。

【学習の流れ】

時間	学習内容
1	みんなで風の力を使って車を動かす 自由進度学習のガイダンス
2〜5	「風ゴムクエスト」に取り組みながら、自由に帆や車を作り、風の力で車を動かす。
6	一番遠くまで進む車を決める大会を開く

風の力で動く車」の学習を自由進度で進めた。

単元の最後に「大会」というイベントを設定することで、子どもたちのやる気にもつながった。

各クエストのワークシートは、右下の二次元コードから。

第 2 章 | どんなイベントが可能か

【学習の様子】

何度も試行錯誤できるよう、環境設定をした。

材料を豊富に準備したり、棚に保管させることで、自然と仲間の車と比較できるようにしたり、作ったらすぐに試せるように廊下に扇風機を常設したりした。

大会の様子↓　　　　　　　　表彰の様子↓

実践提供：門真市立小学校　安達亜弓先生

理科

電気でつくる！
おもちゃランド

【学年】4 年生以上　　　　　【目安時数】10 時間

【単元】電気のはたらき（啓林館）

【めあて】電気で明かりをつけたり、モーターを動かしたりすることを通して、電気への理解を深める。

【学習の流れ】

時間	学習内容
1	乾電池をつなぐ向きと電流の向き・モーターが回る向きを関係づける。
2～4	乾電池を2つつなぐ時（直列・並列つなぎ）の電流の強さとモーターの速さを関係づける。
5～9	電気を使ったおもちゃをつくる・遊ぶ。
10	電気を使った仲間のおもちゃで遊ぶ

　過去の4～6年生の「電気」の授業では、「モーターカーをつくるキット」のようなものを一人に一つずつ購入し、授業を進めていたこともあった。今ではあまりおすすめしない。理由は、全員が完成するまでにかなりの時間と労力を要する上、「説明書の通りにする」ことが大半となり、試行錯誤が生まれにくいからだ。つまり、時間も手間もかける割には、あまり子どもに力はつかないと感じる。

　そこで、「電気を使って動くおもちゃをつくって遊ぼう！」という課題を投げかけ、子どもの必要に応じて材料を用意する形に変えてみた。自由な発想でつくる子どももいるし、動

画を見ながらつくる子どももいる。学びになるのは、「動画通りつくってもうまく動かない」というような時だ。動かない原因を考え、仮説を立てて試すことの繰り返しで、うまく動いた時の感動はひとしおである。

モーターの振動で動くおもちゃ　　　明かりのつく家

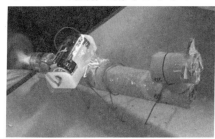

　上の①②③は、ある子のモーターカーづくりの試行錯誤の様子である。材料は段ボール、竹串、ペットボトルのキャップ、電池、導線、モーター。①は動画通りつくったモーターカー。これではモーターがキャップを回さないことに気づいたため、モーターの芯にセロハンテープを巻いてかみ合うようにした。キャップは回るようになったが、地面に置くと摩擦の方が強くて止まってしまう。「回る力が弱いってことかな？」と助言すると、電池を増やして直列つなぎにし、解決することができた。

理科 × 図工

プラネタリウムへ招待しよう

【学年】4 年生　　　　【目安時数】10 時間

【単元】夏の夜空・月や星・冬の夜空 (啓林館)

【めあて】プラネタリウムづくりを通して、天体への興味と理解を深める。

【学習の流れ】

時間	学習内容
1	・「プラネタリウムをつくり、低学年を招待して星好きにする」という学習のゴールを決める。 ・これから何を学ぶ必要があるかを考える。
遠足	大阪市立科学館へ行き、プラネタリウムを観る。
2〜6	月や星のことを学ぶ。
図工	プラネタリウムをつくる
7〜9	どのように伝えるかを考える
10	低学年を招待して、月や星のことを教える

　3つの関連単元を大きく一つとみなし、「プラネタリウムづくり」というゴールでまとめる構成とする。遠足で科学館へ行き、そこで観たプラネタリウムを生かせるようにしてもよい。

　材料は、使い捨ての紙ボウルとアルミホイル、カラーセロファン、懐中電灯だ。作り方は右のyoutubeを参考にした。

　作成の手順は以下の通り。

　まず、2つの紙ボウルの内側にアルミホイルをはりつける。

第 2 章 | どんなイベントが可能か

次に、２つの紙ボウルを合わせて、くっつける。

片側の底面をカッターナイフで切り抜く。

最後に、反対側の底面や側面に、きりぬきで星座の形に穴をあければ完成だ。参考にした動画では押しピンで穴を開けていたが、小さすぎて光が出にくかった。キリなどを使うとよい。大きく穴を開けると明るく大きく、小さい穴なら暗く小さくなる。

また、右のようにカラーセロファンを使えば、星の色を変えることもできる。このように、位置や大きさ（明るさ）、色までこだわって作ることで、実際の星の位置や色などを観察する必要性が生まれる。

ゴールは「低学年を星好きにすること」だ。ただ星空を映すだけでは達成できない。子どもたちは考えた。

星の名前を教えたり、どのようにつないでどんな星座ができるのかを説明したりする子。星に色がある理由を説明する子。星座にまつわる（ギリシア）神話を調べ、低学年にもわかるように要約したり、プレゼンにまとめたりする子。クイズを出して盛り上げる子など、さまざまな工夫がみられた。

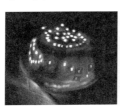

理科 × 社会

お天気キャスターになろう

【学年】5年生　　　　　【目安時数】6時間
【単元】雲と天気の変化（啓林館）
【めあて】雲と天気の変化を関係づけて考え、表現する。
【学習の流れ】

時間	学習内容
1	雲の様子と天気の変化に関係があることを知る
2〜3	「お天気キャスターになって、天気予報を伝える動画を撮る」というゴールを知り、そのために必要な情報を考え、収集する。
社会	ニュースの作られ方や天気予報の仕方を知る。
4	天気予報を伝える動画を撮る。
5〜6	動画を見合い、気づいたことを共有する。

　動画の撮り方は以下の通り。

①「ウェザーニュース」の雨雲レーダーを1時間ごとにスクリーンショットによって画面保存する。
②Canvaでプレゼンテーションを選び、一枚一枚を貼り付ける。
③Canva画面右上の「プレゼンテーション」から「プレゼンと録画」を選び、レコーディングを開始する。

　これで自分の顔と画面が映った動画撮影ができる。一時間ごとに写真を変えると西から東への天気(雲)の動きにも気づく。

理科

第2章 | どんなイベントが可能か

ぼくの・私の「生まれる」紙芝居

【学年】5年生　　　　　**【目安時数】**6時間

【単元】 ヒトのたんじょう（啓林館）

【めあて】 ヒトや動物の発生や成長を調べまとめる中で、生命を尊重する態度を養う。

【学習の流れ】

時間	学習内容
1	問いづくりをした上で、単元のゴールである「紙芝居づくり」を示す。
2〜5	ヒトや動物が胎内で大きくなる様子について調べ、紙芝居にまとめる。
6	つくった紙芝居を読み合う。

　週数とそのときの胎児の大きさを記すだけでなく、大きさを原寸大にしたり、既習のメダカと比較したりして、表現できるとよい。もし可能であれば、両親に自分が胎内でいるときの様子やその時の思いなどをインタビューして、紙芝居に反映できるとよい（家庭環境を十分に配慮して行う）。

　導入で「あなたが生まれるまで」（小学館）「とつきとおか―赤ちゃんが生まれるまで―」（汐文社）を読み聞かせたり、教室においておいたりするとよい。

【他教科・他学年でもオススメ】

　「紙芝居」はアナログのプレゼンテーションだ。パソコンの操作に慣れていない低学年でも作成可能である。調べたことの表現方法の一つとして、取り入れることができる。

61

理科

自由研究コンテスト

【学年】3〜6年生　　　　　　【目安時数】7時間

【単元】自由研究

【めあて】自分の興味のあることや身の周りから問題を発見し、調べたり実験したりして問題を解決する力を育む。

【学習の流れ】

時間	学習内容
1〜5	自由研究についての説明 自由研究体験
夏休み	自由研究を行う
6〜7	発表会

　夏休みの自由研究は、しっかり行えば学びが多いものの、「家庭と子どもに丸投げ」では「自由研究キット」や「旅行中のワークショップで作成したもの」のような、「インスタント作品」が続出する。その可能性を少しでも減らすためには、事前指導と家庭への啓発が重要である。

　子どもたちには、以下のような5時間の授業を行う。

①自由研究とはどういうものか。過去に行われた2つの例を紹介する。自分の好きなことをできるだけたくさん、具体的に書き出す。その中からテーマとして1つ選び、そのテーマに合った「はてな」をたくさん出す。

②「紙飛行機」というテーマで、模擬的に自由研究を行うことを伝える。「はてな」を出し、実験の準備をする（条件を変えて紙飛行機をいくつかつくる）。

③実験をする（紙飛行機大会、右写真参考）。
④2時間目、3時間目に行った実験をまとめる。
⑤夏休みに行う、自分の研究テーマと「はてな」を決定する。

下図：4時間目で子どもがつくったスライドの一部。

このような指導の流れで、夏休みに入る前までに、子どもたち一人ひとりが自由研究のテーマと探究していく「はてな」を決めることをめざす。下は、子どもたちに示したスライドの一部。

勤務校では、当時初めて「自由研究」に取り組む子どもと家庭が多くあった。そこで、授業で使ったスライドを用いて説明動画を作成し、二次元コードで配付することで、混乱をできるだけ少なくしようと試みた。読者の皆様も、興味があればのぞいてみてほしい。

①自由研究とは　　②進め方１　　③進め方２

「自由研究」の宿題は、３～６年生全員に出された。夏休み明けに、各クラスにおいて以下の手順で発表会を行う。
① 予選リーグを班（４人～６人）で行い、全員が発表し合って、一番よかった研究者を決める。
② 予選リーグの優勝者がクラス全員の前で発表し、一番よかった研究者を決める（ここまでの流れは　P41「プレゼンチャンピオンを決めよう」と同じ）。
③ ②で優秀な研究と認められたクラスの代表者（１人とは限らない）は、児童集会や地域のイベントなどで、学校全体や地域に発表する機会を得る。

また、PCで作成された研究のまとめは、Canvaとpadletを用いて公開した。

以上のような学校全体を巻き込んだコンテスト

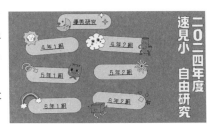

形式での自由研究を行うことにより、意欲を高めることができた。また、3年生から継続して行うことで、毎年研究を楽しみにしたり、よりよくしようと考えたりする子どもが出てくることを期待している。

↑クラスでの発表

↑地域の祭りでの発表

　最後に、優秀研究の概要を紹介する。
6年生「水のかたい・やわらかいって？」…日頃から疑問に思っていた硬水・軟水の違いや、なぜそのような違いが生まれるのか等を調べ、実際に飲み比べる。
5年生「ジュースで骨は溶けるのか？」…「ジュースばかり飲んでいたら、骨が溶けるよ！」と言われた経験から調べた。フライドチキンの骨を、炭酸やオレンジジュースなどにつけて数日間観察を続けるという実験。
4年生「エアインチョコを作ってみた」…大好きなエアインチョコは普通のチョコと違って何が入っているのか、調べて作ってみた。レシピ通りなのにうまくいかなかったときにどうするのか、レシピ以外のものでつくることはできるのかなどを試した点が素晴らしかった。

体育

体育館で雪合戦?!

【学年】中学年～【目安時数】1時間
【単元】ゲーム・ボール運動
【めあて】仲間と協力して作戦を立て、実行する。

【学習の流れ】

①6人か5人で1組のチームをつくる。

②攻撃3人・守備3人に分かれ、攻撃はコートの中に、守備はコートの外に位置する。

③玉入れの球をコート内外にたくさんまく。

④攻撃は球を当てられたらアウトとなり、そのゲーム中は参加できない。その場合、守備が一人攻撃となってコート内に入る。守備にいる間は球が当たってもOK。

⑤相手の選手を全員あてるか、相手側の旗を取れば勝利

参考実践：門真市立小学校　足立知弘先生

【ワンポイントアドバイス】

・上図のように、跳び箱などの障害物を置く。

・置き方やルールは、子どもたちと話し合って柔軟に修正する。

・1試合を1分30秒～2分くらいで終了させることで、均衡状

態が長引き過ぎるのを避ける。
・何度も試合をすることで失敗を修正し、次に生かすことができるようにする。

【他のアイディア】

　球を用意するのが面倒という場合には、似たようなゲームで「スポーツおにごっこ」がある（下図は公式サイトから引用）。

　コートに各チーム7人が入り、相手の宝（コーンなど）をねらって走る。

　当然、相手チームも自分たちの宝を狙っている。駆け引きがあり、単純な運動能力だけではなく、作戦やチームワークも必要となる遊びだ。セーフゾーンがあることや、つかまえるときには両手でタッチをすること、相手にタッチされても自陣のセーフゾーンに戻れば復活することなど、独自のルールがある。Youtubeでもルールが説明されている。このようなチーム遊びで、大会というイベントを組むのも面白い。

体育

○○小 SASUKE

【学年】全学年　　　　【目安時数】45分
【単元】体づくり運動
【めあて】楽しみながら多様な動きを行い、体の基本的な動きができるようになる。
【学習の流れ】
　以下のような場をつくり、タイムを競う。普段の体育で行っている運動を組み合わせたような場の設計ができると、よりそのがんばりが生きるイベントとなる。
①跳び箱ゾーン。複数個置いたり、当該学年では難しい段数を置いたりすることで、連続で跳んだり、よじ登ったりする動きを求める。
②マットゾーン。得意なマット技を行う、指定されたマット技を行う、マットに手をつかないようにして横向きの四つ

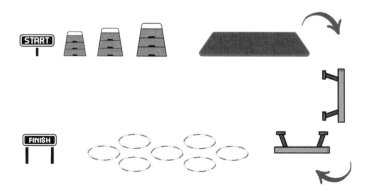

ん這いで通る、マットを横向きにして飛び越えるなどのバリエーションを作ることが可能。

③バランスゾーン。平均台を2つ以上置き、飛び移ってもバランスを崩さないように歩くことを求める。

④ケンパゾーン。フラフープでケンケンパをしたり、コーンを置いて反復横跳びのような動きを求めたりして、敏捷性を高める。

【ワンランクアップのアイディア】

　道具が用意できない場合は、「アシカさん歩き」や「カエルとび」など、道具がなくてもできる運動を取り入れてもよい。

　その他、子どもたちと相談しながら場づくりをするのも面白い。バスケットボールでドリブル・シュートをしたり、舞台を使ってさらに跳躍力を鍛えたりするというアイディアが出た年もあった。

【ワンポイントアドバイス】

　一人ひとりのタイムを計ると、それだけでかなり時間を使ってしまう。運動量を確保するための方法としては、3つある。

①タイムを計らず、「前の人が初めのコーナーを過ぎたらスタートしてOK」などのルールで、どんどん回らせる。

②コースを増やし、2人ずつできるようにする。

③待っている間は真ん中で大縄跳びの練習をするなど、違う活動と組み合わせる。

体育

シンクロマット・コンクール

【学年】高学年　　　　　【目安時数】11 時間

【単元】マット運動

【めあて】粘り強く取り組む力（主に第一次）、チームで協力する力（第二次）を育む。

【学習の流れ】

時間	時間	学習内容
第一次	1	ガイダンス・チュートリアル
	2〜5	個人練習・自由進度学習
第二次	6	ガイダンス・チュートリアル
	7〜10	チーム練習
	11	発表会

　単元の導入で、ゴールを伝える。「6 人チームで音に合わせて演技をする発表会を行う」ことが、この単元のゴールだ。「発表会」というイベント的刺激が、そこに向かうまでの練習により火を灯す。

　第一次では、個人での技の追求の時間とした。レベル別に技を提示し、できるようになりたい技を選んで自分で練習を進めていく。難しければ動画を見て学んでもいいし、仲間や先生に教えてもらったり、手伝ってもらったりしてもいい。

　第二次では、チームに分かれて練習する。教師が提示した 5 曲の中から 1 曲を選び、技・立ち位置・タイミングなど、全てをチームで話し合って決める。発表会の日時まで示しておくことで、単元全体を見通して計画を立てることが可能だ。

授業で間に合わないとなれば、休み時間や家に帰って考えてくる子どもも出てくる。

【学習の様子】

下図は、子どもたちが書き込んだシンクロマットのワークシート。二次元コードからテンプレートをダウンロードできる。

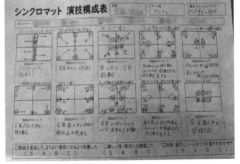

【他単元でもオススメ】

跳び箱運動でも、同じような構造で実践できる。チームで音に合わせて跳び箱運動を行う。跳び箱を複数用意したり、縦からも横からも飛べるように十字にマット・ロイター版を設置したりすると、演技の幅が出る。

体育

お楽しみ全開プール

【学年】全学年　　　　　【目安時数】1 〜 2 時間
【単元】水泳運動
【めあて】水に親しみ、楽しい思い出をつくる。
【学習の流れ】

　多くの子が水泳の学習をがんばって時数に余裕がある場合に、プール最後の授業で思いっきり遊ぶ。事前に保護者にも連絡し、水鉄砲や浮き輪などを持ってきて、ただただみんなで楽しむ 1 時間があってもよい。

　事前に子どもたちと話し合い、「水球」をしたり、「浮き輪リレー」をしたりと、みんなで楽しいアイディアを出し合うと良い。

【他のアイディア】

　「1 時間丸々遊びに使うのは難しい」「準備が大変」という場合には、最後の 10 〜 15 分を使うのもよい。準備なしでできる遊びの代表は、プールの壁沿いをみんなでぐるぐる回って「流れるプール」を作るというものだ。また、以下の方法で「波のプール」を作ることもできる。

①子どもをプールの中央に、一列または二列で並ばせる。
②みんなが歩調を合わせ、隊列を崩さずに同じ方向へ向かって歩く。教師は壁に小さな波があたるのを見ておく。
③波が壁に当たったら笛を吹き、反対向きに歩かせる。
④②と③を繰り返すうちに、大きな波となる。

コラム②

第2章 | どんなイベントが可能か

イベントと掲示物

◎イベント前の掲示物

　イベントに向けて、日付や場所を示すポスターやカレンダーを教室や廊下に掲示しておく。イベントまでの見通しがもて、やる気や楽しみにつながる。カレンダーには「やったこと」も書くことで、努力の足跡が可視化される。

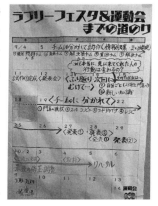

◎イベント後の掲示物

　1か月に一度、心に残っていることを子どもが振り返り、次の月の目標を立てる時間をとる。そこで出てきた意見をその場で模造紙に書き、後で写真を貼って教室後方に掲示する。イベントだけでなく、たくさんのクラスの思い出と足跡が残る教室になっていく。

図工

ハロウィンだ！コスプレ大会!!

【学年】低・中学年　　　　　【目安時数】4〜5時間
【単元】かぶってへんしん（開隆堂）
【めあて】なりたい仮装を考え、素材を生かして制作する。
【学習の流れ】

　カラーポリ袋（45Lや90L）を切って服をつくり、ビニルテープやフェルトで装飾する。マントのように羽織っても面白い。

　不織布マスクの左右の止まっている部分を広げ、目の部分をくりぬき、フェルトや油性マジックで装飾して仮面をつくる（下の写真はマスクの仮面をつけた4歳娘）。その他、アイテムなどもラップの芯などで作るとよい。

　仮面については芯材と粘土等で本格的なものをつくるのもよいが、それだけでも時間がかかってしまう。全身仮装をするなら、簡易なマスク仮面でもよいだろう。

　でき上がった衣装を着て、他の学年の子を驚かせてもよいが、おすすめはファッションショー。体育館を薄暗くして、ガンガン＆ノリノリのミュージックでランウェイを歩く。ちょうど良い暗さと大きな音楽があれば、自分を自由に表現することの抵抗感も減るだろう。

参考実践：門真市立小学校　足立知弘先生

図工

プロジェクション・マッピング

【学年】3年生〜　　　【目安時数】2〜3時間
【単元】光とかげのハーモニー（日本文教出版）
【めあて】プログラミングで動く絵をつくる。
【学習の流れ】

時間	学習内容
1	Viscuitの使い方を知り、試す。
2	「水族館」「昆虫館」などのテーマを決め、それにあった絵を作成し、動かす。
3	みんながつくった絵を、プロジェクターで投影する（プロジェクション・マッピング風になる）。

　Viscuit（ビスケット）は、操作方法がシンプルで、直感的にわかりやすくプログラミングを学ぶことができるアプリだ。紙面の都合上、使い方等の詳細は公式HPに譲り、ここでは、どんな作品ができたかの紹介にとどめる。

【ワンランクアップのアイディア】

　水族館や昆虫館だけでなく、動物園やおばけ屋敷などをテーマにして作ることもできる。遠足の行き先と関連させるのもよい。

実践提供：大和郡山市立小学校　吉田のどか先生

音楽×理科

手作り楽器で演奏会

【学年】3年生　　　　　　【目安時数】6時間 + α

【単元】クロックミュージック（教育芸術社）

【めあて】楽器や身の周りのものから出る音の響きや面白さ、
それらの組み合わせの特徴に気づき、音楽をつくる。

【学習の流れ】

時間	学習内容
1	トライアングルやカスタネットなどの打楽器を使い、音の響きや組み合わせの特徴に気づく。
理科	楽器や身の周りのものを叩いて音を出し、音が出ているときのものの様子や音の性質に気づく。
2	・グループで身の周りのものから楽器や音楽をつくり、発表会を行うというゴールを設定する ・楽器や音楽のつくり方を知る。
3〜5+ 理科	・グループで身の周りのものから楽器をつくる ・どんな音の組み合わせにするのかを話し合い、音楽をつくったり練習をしたりする。
6	発表会を行う

　輪ゴムを張って弦楽器にしたり、ビーズを入れてマラカスにしたりと、楽器をつくる工夫が出てくるだろう。しかし、ペットボトルを叩いたり、新聞紙を破いたりするなど、特に「楽器」をつくらなくても音をつくることはできる。

　自由な発想でつくらせるとよいが、「雨の音楽」や「元気が出る音楽」など、テーマを設定することで思考が活性化することもある。ねらいに応じて設定したい。

音楽　　　　　　　　　　　　　　　第2章　｜　どんなイベントが可能か

オリジナル・ソングをつくろう

【学年】高学年　　　　　　【目安時数】3時間
【単元】和音を使って旋律づくり
【めあて】和音の響きや移り変わりに興味をもち、楽しみながら音楽づくりに取り組む。

【学習の流れ】

　Chromemusic というアプリを使えば、音符を読めなくても楽器を演奏できなくても、簡単に作曲することができる。手順は以下の通り。

①8つの和音を入れたChromemusicを配付する（教科書で示されているものと同じにするとよい）。

②子どもたちは、和音の中から1つの音を選び、それ以外の音を消す（つまり、この時点で8音だけになる）。

③その8音のほかに、音の高低の動きやリズムを考えながら音をたしていき、メロディーをつくる。

④パーカッションのリズムを入れる。

⑤メロディーの音色・パーカッションの音色・速度を選択、調節して曲が完成。題名をつける。

①最初に配付　　②8音だけ　　③完成例「かめの行進」

実践提供：門真市立小学校　今井美沙先生

家庭科

究極の手作りドレッシング

【学年】高学年　　　　【目安時数】3時間
【単元】ゆでておいしい料理をつくろう（開隆堂）
【めあて】ゆで野菜にあうドレッシングを考え、つくる。
【学習の流れ】

　ゆで野菜に合うドレッシングを、班ごとに考える。

　その場で思いついたものを思いついただけ混ぜ合わせるのではなく、調理実習の前に調べる時間を確保する。家庭でもドレッシングを作っている場合、材料や配分を教えてもらってもいいだろう。

　子どもたちから出た意見をもとに、できる限り材料は用意したい。砂糖、塩、酢、醤油、味噌のほか、ごま油、すりごま、マヨネーズ、ケチャップなどを用意し、班ごとに必要な分をとって混ぜる。最後に試食をしあっても面白い。

【他教科との関連】

　6年生で実施するなら、算数の「比」の学習を生かせるとよい。「醤油と酢を1：1だと酸っぱかったから、3：1で合わせました」等、算数用語を使って説明させる。

【他単元でもオススメ】

　「究極の手作りドリンク」をつくるという課題も面白い。家庭科は比をはじめ、算数との相性が良い。

家庭科

第2章 ｜ どんなイベントが可能か

食を通して、
戦時中の人々に思いを馳せよう

【学年】6年生　　　　【目安時数】2時間

【めあて】戦時中の食事を模擬体験し、人々のくらしや気持ち
をより深く知ろうとする。

【学習の流れ】

　平和学習をする中で、子どもたちは戦時中や戦後の「食事」
に興味をもつことがある。「おなかいっぱいに食べられなかっ
た」ことは学んでも、実感を伴った知識ではない。

　そこで、戦時中に多くの場所で食べられていたという「す
いとん」を再現する。その作り方は以下の通り。

①ボールに小麦粉（薄力粉）を入れて、水を少しずつ加えて
　いく（一人あたり50gほどでよい）。

②耳たぶぐらいの硬さに（柔らかめ）になるまで練り、30分
　ほど置く（水を一気に入れると戻らないので注意）。

③大根（かぼちゃでも可）をむいて、いちょう切りにする。

④鍋に水（一人あたり250cc）を入れて沸騰させ、大根を入
　れる。

⑤大根がやわらかくなったら、②でつくった小麦粉を入れ、
　3〜4分ほど温める。

⑥醤油を少したらして最低限の味付けをし、完成。

　目的はあくまでも戦時中のメニューの再現であるため、味
付けは最低限におさえる。このような食事が毎食続くことを
想像させ、より実感の伴った理解を図る。

家庭科

79

外国語活動

外国語カルタを
つくって・遊んで・覚えよう!

【学年】中学年〜　　　【目安時数】1〜2時間
【めあて】楽しみながら英単語に慣れ親しむ。
【学習の流れ】

　◎作り方

　Canvaのプレゼンテーションを共有して共同編集し、みんなでカルタをつくるところから始める。事前に、真ん中を点線で区切ったスライドを何枚も用意しておく。

　教科書に出てくる英単語をジャンルごとに班に割り振る。「食べ物」は1班、「スポーツ」は2班という具合だ。

　右側に英単語、左側にイラストを

入れていく。教科書に出てきていない単語は調べて書いてもいいが、それがわかるように☆マークなどをつけておく。班全員が完成したら印刷し、点線を山折りする。表側は絵、裏側は文字となる。

◎遊び方

・先生が読み、子どもが選ぶカルタゲーム
・班のうち一人があるカードを隠し、何が隠されたのかを当てるミッシングゲーム
・カードを1枚引き、そのカードの関係する単語をたくさん言って、相手に当ててもらうカード当てゲーム
　などなど、このカードがあれば遊び方は無限に広がる。

外国語 × 総合

第2章 | どんなイベントが可能か

外国の方にインタビュー

【学年】6年生

【めあて】外国の方とコミュニケーションをとる。

【学習の流れ】

　平和学習において重要なことの一つが、「人に思いを聞く」ことだ。戦争を経験された方のお話はもちろん、他国の視点をもって議論を進めないと、「平和」にはつながらない。その意味で、修学旅行で広島に行くときには、現地で外国人観光客にインタビューすることが大変学びになる。

　そして、外国の方と話すことができる機会は、外国語の授業としても大変貴重な学びになる。

　ただし、6年生では英語で会話まですることは難しいため、できる限りのあいさつと説明、「Where are you from?」などの簡単な質問以外をアンケート用紙に記入してもらう形にすれば、実践のハード

外国語

Survey about Hiroshima

Hello, we are the6th-grade of Hayami primary school in Osaka Prefecture. We come here in Hiroshima as a school trip and are carrying out a survey about here, one of the most historic places in Japan. We would be very pleased if you could answer these questions.

Please write down your answer either in Japanese or English as we haven't studied English so much.

1.Where are you from?

2.What is Peace to you?

3.Do you think the world is peaceful now?

4.How do you feel about the use of nuclear weapons in Hiroshima?

5.What do you think is the most necessary thing to achieve peace in the world?

　Thank you very much. If you already cooperated with the survey, please say 'I know Happy-nyan'. Please have a nice day!

ルが下がる。会話形式にこだわるなら、音声を録音することで、後に生かすこともできるだろう。

【学習の様子】

　教室での練習は、当然普段の授業より熱が入る。外国の方に通じる英語になるのかどうか、何度も練習したり正しい発音を確かめたりする姿があった。

　下の図はアンケート回答の一部（日本語訳済）。

How do you feel about the use of unclear weapons in Hiroshima?
とても悪い
ひどい
答えるのがとても難しい質問です。広島に原爆を落とさない妥当な理由はありますが、別の視点から見ると落とした理由は理解できます。
悲しい歴史
たくさんの犠牲が出た事は恐ろしいが、戦争が続いていたら世界中の人が亡くなっていたかもしれません。
当時は必要だった
絶対に必要ではなかった

　その後、ChatGPTで翻訳し、まとめたものを資料として配付した。子どもたちはそれを活用し、平和学習のまとめをつくっていた。

実践協力者：門真市立小学校
　若岡敦司先生

外国語

第2章 | どんなイベントが可能か

英語で映画を観よう！

【学年】高学年　　　　　【目安時数】1時間
【めあて】本物の英語に触れ、聴き取ることに挑戦する。
【学習の流れ】

　英語の教科書教材ではなく、「本物の英語」に触れさせたいという思いは、心ある英語教師の願いだろう。外国のクラスとオンラインでつないだり、留学生と交流したりできれば最高だが、なかなか実現へのハードルは高い。お手軽にできて楽しいのは、「洋画を観る」ことだ。

　例えば、「ハリーポッターと賢者の石」。寮を抜け出そうとするポッターたちの前にネビルが立ちはだかり、ハーマイオニーに呪文で石にされるシーンを扱う。公式youtubeにもアップされている（下の二次元コード）ので使いやすい。また、日本語吹き替えの動画もアップされている。字幕や日本語吹き替えなどもうまく活用しながら、「聞きとれた！」という経験を積ませたい。

　トイストーリーやモンスターズインク等の洋画だけでなく、海外のCMなどでも転用可能だ。

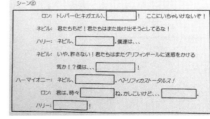

実践提供：
西宮市立小学校　吉田恭弥先生

コラム③

教科のねらいにそった
イベントを行う

　魅力的なイベントがあることで、子どもたちの楽しく学ぶ姿は増えるだろう。しかし、それだけで満足してはいけない。「活動あって学びなし」「這いまわる経験主義」という言葉があるように、「体験することが目的化し、身につけるべき知識や思考力等が身につかないのではないか」という指摘は古くからなされている。「子どもが楽しく活動すること」と「教科の力をつけること」を両立する必要がある。

　例えば、22Pの「海の命エピソード2を書き、読みあおう」というイベントは、次のような教材観に基づいている。海の命は、「父もその父も、その先ずっと顔も知らない父親たちが住んでいた海に、太一もまた住んでいた」から始まり、後話では太一は四人の子どもを授かることが描かれる。つまり、この物語は太一という一人の男の成長譚でありながら、連綿と続く命のつながりを描いているといえる。

　このように教材を解釈したとき、「太一は父としてどんなことを子どもたちに伝え、この海はどんな風に変わっていくのか（あるいは変わっていかないのか）」という問いは、海の命という物語の本質に関わる問いになり得るのではないだろうか。「エピソード2」を書く活動を通して、「海の命」の世界観や主題に迫ろうと考えた。

　ただ楽しく活動すればいいというのではなく、教科の学びが必要となるゴールこそが、本書で提案するイベントだ。

生活

第2章 | どんなイベントが可能か

世界に一つだけの「からくりスイッチ」

【学年】低学年　　　【目安時数】27時間
【単元】内容（6）自然やものを使った遊び
【めあて】試行錯誤を楽しみながら、仲間と協働してよりよいものを創る力を育む。

【学習の流れ】

時間	学習内容
1	次の生活科の時間に、みんなでやりたいことを決める →からくりスイッチに決まる
2〜10	一人で試してみることと、そこで生まれた「おなやみ」を全体に共有し、解決策について話し合うことを繰り返す
11〜16	これからどうしていきたいかを話し合い、「みんなで大きい装置をつくる」ことに決定する 複数人で協働して装置をつくる 面白いコースになるための工夫を話し合う
17〜27	クラスみんなで協働し、大きい装置をつくる 動画を作成し、お家の人に見てもらう

「からくりスイッチを作る」というゴールに向けて何が必要かを尋ね、たっぷり失敗できるように、豊富に材料を準備した（右写真）。随時必要だと思うものを聞いたり、用具室から使えそうな道具を借りる時間をとったりすることで、子どもたちは次第に「身の周りにあるものをからくりスイッチに

使うならどうするか」という視点で見るようになっていった。単元中盤では、家から使えそうな廃材を大量に持ち込み、試す子どももいた（右写真）。

単元序盤は右のようなストローを半分に切ったものをビー玉の通り道にしていた子どもが、「長くて面白いコースにしたい」と考え、さらに右の写真のようなコースを創っていった。

試行錯誤を繰り返すにつれ、さまざまな工夫が見られるようになった。洗濯ばさみでジグザグにしたり、ラップの芯をトンネルに見立てたり、道具の溝を見つけてはビー玉を転がしたりしていた（右写真）。

子どもたちの自由な発想に任せつつ、プロの技を学べるように「ピタゴラ装置DVDブック」のシリーズを用意した。このDVDを教室で見せるだけでなく、希望者から順番に貸し出し、家でも見られる

第 2 章 | どんなイベントが可能か

ようにした。子どもたちはその本やDVDをとても気に入り、休み時間にも取り合いになるほどだった。

コロナ禍ということもあり、つくった装置を直接お家の人に見てもらうことはできなかった。そこで、「動画をつくってyoutubeにあげよう！」というアイディアが生まれた。

授業の度に作ったものを崩していては、大がかりな装置ができないため、空き教室をしばらく借り切り、保管できるようにした。

動画づくりに向けて装置をつくっていると、「音楽も自分たちで演奏したい！」という意見が生まれ、木琴と鉄琴で演奏することになった。完成した動画では、最後に流している。でき上がった動画は、右下の二次元コードを参照。

生活

【他教科でもオススメ】

中・高学年の図工でも実施可能。

生活

とばし大会をしよう

【学年】低学年　　　　　　【目安時数】6 〜 10 時間
【単元】内容（6）自然やものを使った遊び
【めあて】遊びや遊びに使う物を工夫してつくる力・態度を育む。
【単元の流れ】

時間	学習内容
1	イベントの趣旨説明、計画を立てる。とばし大会にむけて準備をする
2	第一回とばし大会を行う
3	第一回とばし大会のふり返りと考えの共有
4	第二回とばし大会にむけて準備
5	第二回とばし大会を行う
6	単元のふり返りをする

　※子どもの求めに応じて、第三回・第四回を行ってもよい。

【学習の様子】

　材料は、子どもの求めに応じて準備した。初めは折り紙で紙飛行機をつくっていた子どもから「大きい方がよくとぶのではないか」や「ぺらぺらじゃなくて、しっかりした紙の方がいい」という意見が出たことで、Ａ３のコピー用紙や八つ切りの画用紙、模造紙なども用意した。

　紙の大きさや質、投げ方、折り方によってとばしやすさが変わることだけでなく、比較するために条件を整える必要性

があることにも気づいたり、子ども同士でつながったり、休み時間にも熱中したりする子どもの姿がたくさん見られた。

【他教科とのつながり】

1年生で実施するなら「どちらが長い」と、2年生で実施するなら「100cmをこえる長さ」とに関連できる。

初めからメジャーを導入して長さを数値で記録することもできるが、待っていても子どもに必要感が生まれる。

例えば、「第一回とばし大会と、第二回とばし大会の優勝者では、どちらがよく飛んだのか？」という問いによって「1日経っても忘れない記録の仕方」を話し合う中で、数字で記録することの良さに気づいていくだろう。直接比較できない状況をしかけることで、長さを測りたいという意欲を引き出すことができる。

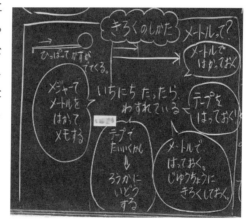

【ワンランクアップのアイディア】

飛ばすものを「紙飛行機」に限定せず、さまざまな道具を使ってもよいことにする。ビニル袋に息を吹きかけたり、紙皿をフリスビーのように投げたりと、多様な方法が考え出される。

生活

ピカピカ!
最高のどろだんごづくり

【学年】低学年　　　　　　【目安時数】10 時間
【単元】なつをもっとたのしもう（日本文教出版）
【学習の流れ】

時間	学習内容
1〜2	砂場に行って土と出合う。掘ったり、トンネルやどろだんごを作ったりして自由に遊ぶ
3〜4	楽しかったことを共有し、もっとやってみたいことを出し合って、ゴールを決める。
5〜8	ピカピカのどろだんごづくりにむけて、必要な情報を出し合ったり、作ってみたりする。
9〜10	ピカピカのどろだんごをつくる。

　生活科では、子どもの思いや願いを大切にしたい。まずは思い思いに土と遊び、もっとやってみたいことを聞いて、課題を設定する。実際の授業では、ゴールが「ピカピカの光るどろだんごをつくる」ことに決まった。

　どろだんごを好きな場所で、好きな方法で自由に作るが、なかなか上手くいかない。「すぐにくずれてしまう」「つるつるにならない」などのお悩みを出し合って、解決策を一緒に考える。すると、場所によって砂の種類がちがい、水の吸収力やかたまり方が異なるなどの気づきが出される。

　自由に作ることと、そこで得た気づきを表現して共有することを繰り返し、どろだんごをつくることは上達していく。

第2章 | どんなイベントが可能か

しかし、なかなか「ピカピカ」にはならない。

そこで、家で保護者に聞いてきたり、本で調べたりする子どもが出てくる（実施した当時は一人に一台端末はなかった）。

自分で試行錯誤してもできない場合、人に聞いたり本で調べたりして方法を知るというのは、いい学び方である。大いに価値付けながらピカピカになる方法を探していくと、「ストッキングなどで磨く」方法や「さら砂をかける」方法などが共有される。

次の生活の時間まで待たずとも、休み時間にどろだんごづくりに熱中する子どもたち。畑の土に変えてみたり、さら砂をつくり出したり、あえて1日休ませたり、磨くものを歯ブラシや布に変えてみたりと、試行錯誤を楽しんでいた。

写真ではわかりにくいが、つるつる・ピカピカのどろだんごになり、子どもたちは喜んでいた。

生活

91

総合×社会

フリーマーケットを開催しよう

【**学年**】4 年生　　　【**目安時数**】19 時間

【**めあて**】ごみ問題を自分ごととして捉え、自分たちにできる
　ことを考えて実行する。

【**学習の流れ**】

時間	学習内容
社会	ゴミの学習
1〜4	「ゴミ問題を解決したい！」という願いをもつ ゴミ問題を解決するアイディアを出し合う
5〜10	「フリーマーケットを開催する」というゴールを設定し、そのために必要なことを考えて準備する
11〜13	学校や地域でよびかけ、各家庭に余っている服を回収する
14	回収した服を整理し、そのまま渡せるものとリメイクするものに分類する。
15〜18	リメイクの方法を調べ、実行する。
19	フリーマーケットを開催する

　教科の学習から、総合の学習に発展していくというパターンもある。本単元では、社会科でゴミのことについて学習した後、自分たちにできることを考えて実行するという流れで実施した。実際には、地域のゴミ問題の現状と対策について調べ、地域の人へ向けて発表することと、フリーマーケットを開催することを実施したが、ここでは紙面の都合上、後者のプロジェクトだけを紹介する。

　学校放送や最寄り駅でのビラ配りを通して服を回収する日

第 2 章 | どんなイベントが可能か

について宣伝し、実際に回収したところ、230着もの服が集まった。

しかし、回収した服を分類すると、破れていたりシミがあったりと、そのままでは使えなさそうな服も多くあることに気づいた。そこで、リメイクすることで使えるものにしようということになった。4年生ではミシンや裁縫を学習していないため、布用ボンドと布用両面テープを使ってできるリメイクに限定されたが、子どもたちは

さまざまなアイディアでリメイク品を作っていった。

【他のアイディア】

地域の人たちにいただいたものを使ってリメイク品を出品していたため、今回のフリーマーケットではお金は取らなかった(「大事に使ってくれるなら、無料で取っていってください」と呼びかけをした)。「お金」をテーマに、自分たちで稼ぐ方法を考えて実行するという目的のもと、販売するという流れにしても面白い。

総合

AYK 防災マップづくり

【学年】中・高学年　　　　　　**【目安時数】**16 時間
【めあて】災害に備えてできることを考え、発信する。
【学習の流れ】

時間	学習内容
1〜7	災害をテーマに問いづくりをする 問いについて調べ、わかったこととわからないことを整理する
8〜10	地震に備えて何ができるのかを考える 防災マップをつくる必要性に気づき、ゴールを設定する
11〜12	フィールドワークを実施する
13〜14	防災マップをつくる
15〜16	防災マップをもとに、校内や保護者に発表する

　日本という国で生きていく以上、地震をはじめとする災害にあう可能性を考えていないといけない。過去の地震や南海トラフの被害想定を調べていくと、自然と「地震が起こったときにどうすればいいか」「地震に備えてどんなことができるか」ということに意識が向いていく。

　しかし、地震が起こったときにどうするのかということをより具体的に考えていくと、インターネットや書籍だけでは自分たちの地域のことがわからないことに気づく。そこで、自分たちの地域を歩き、防災マップをつくる必要性が出てくる。

　実践した学年は 2 クラス 70 名程度だったため、地区ごと

に10グループに分け、フィールドワークを行った。

管理職や担任外のほか、市役所のゲストティーチャーや保護者にも、引率の協力をお願いした。

フィールドワークの視点は以下の通り。

A「安全な場所」
　広い公園、広い畑、広い駐車場など。
　上から何も落下するものがない場所。
K「危険な場所」
　倒れてきそうなブロック塀、せまい道路（幅4m以下）
　固定されていない自動販売機など
Y「役立つ場所」
　コンビニやスーパー（必要なものを買うことができる）
　消火栓（火事になれば消防車が水をくみ上げて使う）
　汚水マンホール（テントを張ると、簡易トイレになる）
　掲示板（張り紙をして、人に伝えることができる）など

フィールドワークをしながら気づいたことをメモし、教室に戻って模造紙に防災マップとしてまとめた。最後はこれを使って発表した。

総合

食品ロスを解決しよう!
～フードドライブで三方よし～

【学年】高学年　　　　【目安時数】30 時間
【めあて】食品ロス問題に対してできることを考え、実践する
　　ことを通して、社会に貢献する意欲と実践力を育む。
【学習の流れ】

時間	学習内容
1～4	今年度の総合では何をしていくのかを決める
5～8	食品ロスについてできることを考える ライフコーポレーションによる出前授業
9～12	食品ロス削減レシピを考案 調理し、試食会を行う
13～15	地域のイベントに向けてできることを考える チームに分かれる
16～28	チームごとに調査し、資料を作成する 相互評価し、よりよくする
	地域のイベントで発表する フードドライブで食品を集める
29～30	単元全体や地域のイベントを振り返る

　食品ロスの現状と問題を知った子どもたちは、さまざまな
方法で解決を試みる。調理時に捨ててしまう部分を使った「食
品ロス削減レシピ」を考案して実際に作ってみたり、学校の
給食室や市の環境政策課を取材して学校や地域の現状を聞い
たり、スーパーやコンビニに行って食品ロスのために取り組
んでいることを聞いたりと、精力的に活動していた。そんな

中、「フードドライブ」という取り組みをしている団体を見つけるチームが出てくる。子どもたちとともに電話をすると、説明のために来校してくださることが決定。

「フードドライブ」とは、下図のように各家庭で余っている食材を一度集め、支援が必要な家庭に届ける活動のことである。

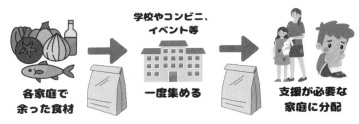

食品ロスも貧困の問題も解決できるこの活動に子どもたちは可能性を感じ、「やってみたい！」ということに。地域のイベントで食材を集めることにし、周知のために学校内外で活動する。左下の写真は、駅でチラシ配りをする子ども。その甲斐もあって、右下の写真のようにたくさんの食品を集めることができた。

総合×修学旅行

○○小平和資料館をつくろう!

【学年】6 年生　　　　　【目安時数】55 時間

【めあて】平和の尊さを下級生や保護者に工夫して伝える。

【学習の流れ】

時間	学習内容
1〜15	校区の歴史を掘り起こそう
16〜20	・運動会でエイサーを踊る →心を込めて踊るために「オキナワ」について学ぼう
21〜30	・修学旅行で広島に行く予定 →平和記念資料館を参考にして○○小平和資料館をつくり、下級生や保護者に伝えよう ・校区の戦時中の様子を調べる
31〜40	自分たちがつくりたい平和資料館のコンセプトを決定し、何を展示するのかを考えて準備する
41〜42	平和資料館へ下級生や保護者を招待する
43〜55	これまでの学習を振り返る これから校区のために自分たちにできることを考える

　修学旅行で広島へ行って平和について学び、下級生に伝えるという実践は、多くの学校で行われているだろう。ただ、「平和報告集会」と銘打ちながら、子どもたちがただ教師の作成した台本通りに言わされるような「発表会」にはしたくない。

　そこで、平和の大切さ・戦争の悲惨さを伝える手段を子どもたちと話し合い、「○○小平和資料館をつくろう」というゴールを設定する。

　平和記念資料館を見学する際、その後に学校へ帰って「自

第2章　｜　どんなイベントが可能か

分たちでつくる」という目標があれば、ただ展示品を見るだけでなく、展示の仕方やその効果についても考えることになる。また、「〇〇小の」平和資料館なので、地域の戦時中の様子を取材する必要性が生まれる。

【学習の様子】

　子どもたちが作成した資料館には、たくさんの工夫があった。一部を紹介する。

視覚的にわかりやすい身長比較

地域の方から借りた戦時中の国民服や頭巾を試着する下級生

原寸大のリトルボーイの模型

実践提供：大和郡山市立小学校　吉田のどか先生（原実践を少し修正して紹介しています。）

総合

地域の魅力を発信しよう

【学年】5 年生　　　　　【目安時数】51 時間

【めあて】地域に愛着をもち、学ぶ意味を実感できる。

【学習の流れ】

時間	学習内容
1〜8	・総合の時間で何をしていくのかを決める ・市の魅力を広めるためにできることを考える
9〜20	・取材などで情報を集める ・絵本、プレゼン、動画、パンフレットなどの伝える手段ごとにチームをつくり、作成する
21〜24	・完成した作品を見あって、相互評価した後、意見を元に修正・改善する
	地域のイベントで発表する
25〜35	・地域のイベントでの発表を振り返る ・より伝わる方法を考える
36〜46	チームに分かれて魅力を伝える動画を作成する
47〜51	他学年とyoutuberに作品を見せ、意見をもらう。その意見を元に動画をよりよくする。

　年間を通して総合的な学習の時間に「地域の魅力を発信する」というテーマで取り組んだ。

　地域のイベントでの発表をはさんで、学習は大きく2つに分かれる。前半はこの地域イベントでの発表をゴールに取り組む。市の魅力発信課の人にゲストティーチャーとして授業をしていただいたり、魅力発信する方法を考えてチームに分かれて取材をし、作品をつくったりする。

当日は、市長や議員を含めた100人以上が発表を見て、アンケートに答えていただいた（下写真：発表の様子）。

　単元後半は、このアンケートや自分たちの手ごたえを基に「私たちの発表は本当に伝わったのか？」を考えることから始まる。アンケートでは肯定的な意見が大半だったものの、そこで満足せずに「より伝わるためには？」と考えていった。伝える手段のメリット・デメリットを比較していく中で、「動画を作成してyoutubeに投稿する。二次元コードをポスターにはって配付すれば、たくさんの人に見てもらえるのではないか」という案にまとまった。

　その後、門真市で地域の活性化に尽力している団体や人にゲストティーチャーとして来ていただいたり、「門真市の魅力とは何か？」という問いに向き合ったりしながら、チームに分かれて動画をつくる。

最後の発表は、「youtubeにあげるのだからyoutuberに見てもらって、アドバイスをもらいたい」という意見から、「もりかどじゃーなる」

さんに依頼したところ、ご快諾いただいた。このときの発表や、子どもたちへのインタビューの様子が「もりかどじゃーなる」さんのチャンネルにも投稿されている。

子どもたちが作成した動画は、右上の二次元コードから見ることができる。取材の許可取りからインタビュー、動画編集まで、すべて子どもたちが協力して行った。

【他教科との関連】

5年生1学期国語の「話す・聞く」単元では、友だちの魅力を引き出すため、「聞き手」「話し手」「記録者」の3人1組でインタビューを行い、自分の意図と話の展開に沿って質問することを学ぶ。この学習で聞き手として大事なことを身につけた後、教室の外に飛び出して地域の人にインタビューした。教室での学習を通して気づいた「相手が話したことからしりとりのように

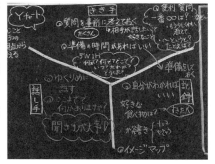

して質問をつなげる」こと
や、「あいづちをうちなが
ら聞く」ことを、教室外で
も意識していた子どもたち
が多くいた。

また、「敬語」の学習では、場面設定を「地域の人に取材するとき」として具体的な会話文へと導入することで、「そうか！先生、敬語ってそのために学習するんやなあ！」と子どもがつぶやいていた。これは、「教科書にあるから」学ぶのではなく、「自分たちが取材をするために必要だから」学ぶのだという意識で授業に取り組んでいたことの表れだった。

最後に、「新聞の書かれ方」を学んだあと、自分たちがつくるパンフレットに応用していた子どもの作品を紹介する（右写真）。

「ここが見出しで、ここがリード文。この前、国語で勉強したやろ。それを使って書いてみた！」と目を輝かせて話す子どもの顔が忘れられない。

特別活動

クラスキャラクター コンテスト

【学年】中学年〜　　　　【目安時数】3時間〜
【単元】学活（1）学級や学校における生活づくりへの参画
【めあて】クラスの絆をより深めるために、話し合ってクラスキャラクターをつくる。

【学習の流れ】

　クラスのシンボルとなるキャラクターやロゴがあると、何かと便利だ。授業や学級通信、ノートに登場させたり、シールやステッカー、学級旗をつくったりして活用できる。子どもたちにとっても思い出として残り、クラスに愛着が持てたり、所属感がより強まったりするかもしれない。

時間	学習内容
1	クラスキャラクターをつくる意味を考える クラスのイメージを出し合い、精査する
2	クラスキャラクターをつくる
3	クラスキャラクターを話し合って決める

　決める際には、多数決で1つのものに決めるという方法以外にも、以下のような方法があることに留意したい（松村英治先生に教えていただいた）。

　また、手書きでもよいが、絵を描くのが苦手な子どもはCanvaのアプリ「マジック生成」を使うとよい。

特別活動

自主学グランプリ

【学年】全学年　　　　　【目安時数】5～10分
【めあて】情報をわかりやすくまとめる力を育む。
【学習の流れ】

　私のクラスでは、理科や社会の単元を終えたときに自主学ノートへとまとめることが多い。そこで、まとめたものをコンテスト形式で評価していくこともある。

　評価の規準は、①丁寧さ、②わかりやすさ（図や絵、文章）③情報量、④自分の考え（気づいたこと、新たなはてな等）で行う。

　自分の机上に自主学ノートを置いて歩き回る方法、padletに投稿して見合う方法などを用いて仲間同士で見あい、投票するパターンと、教師が評価するパターンが考えられる。なお、優勝者や準優勝者にアワコイン（115P参照）を副賞として贈る場合もあった。

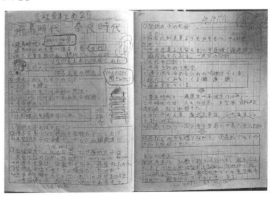

特別活動

クイズ大会いろいろ

【学年】全学年　　　　【目安時数】45分
【単元】社会や理科など
【めあて】楽しみながら学習用語を定着させたり、難しい問題
　　に取り組んだりする。
【学習の流れ】

　クイズといえば、今やKahoot!で行われている教室が大半
だろう。たしかにkahoot!は優秀なアプリだし、私もよく使う。
しかし、アナログのクイズ大会にしかない良さもある。いく
つかを紹介する。

◎単語連想クイズ

　テレビ番組「東大王」では、一文字の漢字から連想するゲー
ムが実施されていた。それを小学生むけにアレンジ。
①4〜6人のチームに分ける。
②チームの中で「解答者」を一人選出する。
③解答者以外のメンバーに答えを見せ、答えから連想する単
　語を一つ書く。（例）答え：こん虫→単語：6本、カブト
　ムシ、あたま、アリ、はら　等
④解答者がメンバーから出された単語をもとに、答えを予想
　して解答する。
　※同じ単語を書くのはOK。いいヒントになる単語を考え
ることで、解答者だけでなくメンバーにとっても学習になる。

お題は、学習用語にするとよい。

◎脱出ゲーム
①4〜6人のチームに分ける。
②座席をアイランド型にし、1チームに1枚、問題を配付。
③チームで協力し、問題が解けたら司会（または教師）へもっていく。新しい問題をもらい、また解く。
④制限時間内に決められた問題を解けたら脱出成功！
　問題は33Pの参考文献や、謎解きの本などを参照するとよい。

◎みんなでつくるクイズ大会
①4〜6人のチームに分ける。
②チームごとに当該学年の学習内容から2問、それ以外の問題（友達のこと、ゲームやスポーツのことなど自由）を1問つくり、画用紙に書く。
③画用紙を集め、黒板に裏向きで貼る。
④画用紙を1つ表にむけて、クイズに答える。1チームに1つホワイトボードを配付し、話し合って答えを書く。クイズをつくったチームは、最後に正解を発表する。
⑤クイズを解答するチームは、正解すれば10ポイント。クイズを作ったチームは、どこかのチームが正解すれば、5ポイント。ただし、全員が正解するか、全員が不正解の問題をつくったときには0ポイントとなる。つまり、クイズ作りは難しすぎても簡単すぎてもダメだということになる。
⑥最後までクイズを続け、一番点数が高かったチームが優勝。

特別活動

学級力向上プロジェクト

【学年】全学年　　　　　　【目安時数】１時間
【単元】学級活動（２）自己の成長
【めあて】現在の自分たちの課題を見つめ、成長のために具体的な行動目標や解決方法を考える。

【学習の流れ】

自分力
①挑戦　　難しそうなことにも挑戦していますか。　　　　　　　　　　４－３－２－１
②努力　　なりたい自分を見つけ、それにむかって努力していますか。　４－３－２－１
③自制心　きまり（廊下を歩く、チャイム、宿題、あいさつなど）を守っていますか。　４－３－２－１

　事前に子どもたちにアンケートをとる（上図：アンケートの一部）。その後、データに入れてグラフにし、学級の強みや弱みを視覚化する（下図）。

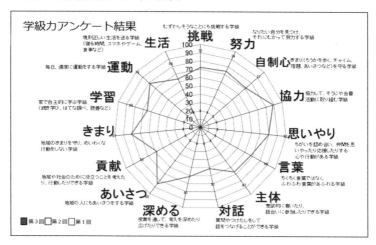

このグラフを子どもたちに提示し、P（いいところ）、M（課題）、I（改善案）を話し合う（右写真）。

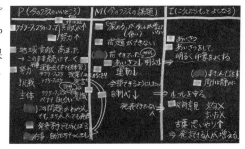

学期に一度クラスを見つめ、振り返って次につなげることで、子どもたちが成長を実感したり、意欲を高めたりすることができる。決まったことを掲示しておくと意識できる（左下写真）。

2回目・3回目に実施した数値は、同グラフに反映されるため、比較しやすい（右下写真）。

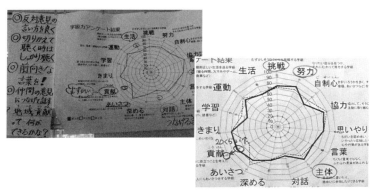

この実践は、「学級力向上プロジェクト（シリーズ）」（金子書房）をもとに、項目を変更して実施している。公式HPからグラフや集約用のデータなどもダウンロードできるので、参照してほしい。

※金子書房より改変・掲載の許諾済

特別活動

教室リフォームプロジェクト

【学年】全学年　　　　【目安時数】3時間〜
【単元】学活（1）学級や学校における生活づくりへの参画
【めあて】「教室は自分たちでつくる」という意識を持つ

【考え方】

　新年度の準備はとても忙しい。一番の繁忙期とも言える4月1日から始業式までの期間、私は「教室の環境整備」は最低限にしている。その理由は2つ。1つめは、他のことに時間を使いたいからだ。これは説明するまでもない。実は2つめの方が重要で、それは「教室はみんなでつくるもの」という意識を子どもたちに持ってもらうためである。全て教師が事前に万全に準備すれば、確かに快適に始められるかもしれない。しかし、それでは子どもたちは「準備されていること」を当たり前だと感じ、お客様のようになってしまう可能性がある。

【学習の流れ】

　ロッカーの名前シールや体操服かけの出席番号など、ほとんど何も用意しない状態で、始業式から2〜3日過ごす。子どもたちから「これはどこにかければいいの？」「番号シールがないから、順番がわからないよ」などと声があがる頃合いを見て、クラス全体に呼びかける。

　「今、出席番号のシールがないことで不便だっていうこと

第 2 章 | どんなイベントが可能か

を〇〇さんが教えてくれたんだけど、みんなはどう思う？」「これからどうすればいい？」「ほかにも、教室になくて困っていることってない？」などの声かけをして、教室に必要なものを
考え、みんなで用意していく（右上写真）。

このような経験を経て、少しずつ「教室はみんなでつくる」という意識が持ててきたら、「教室になくても別に困らないけれど、あったら嬉しいっていうものはある？」と聞く。初めはなかなか出てこないかもしれない。なければ、こちらから「例えば、教室の後ろにマットスペースがあれば、ここでくつろいだり話したりすることもできるけど…」と例示してもいい。子どもたちは「そんなこともありなの！？　だったら…」と目を輝かせて考え始める。

例えば、本棚をつくる、ゴミ箱をつくる、お花をかざる、意見箱を設置する、生き物を飼う…などのアイディアが生まれる。実行できるようにサポートするといい。

各教科とつなげることもできる。例えば「本棚をつくる」となったとき、5年の算数で問題として扱った。これはオーセンティックな問題となった。

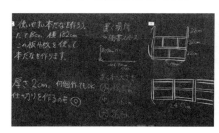 

特別活動

111

　上の写真は、完成した本棚。用務員さんにも手伝ってもらうことで、なんとかうまくいった。自分たちでつくったので、大切に扱おうという意識も生まれる。教室も同じだ。

　教室リフォームをした後、下のような学級通信を書く。

　たたみスペースやマットスペースは、子どもの人気の場になる。

　この実践は「クラスがワクワク楽しくなる！子どもとつくる教室リフォーム」（岩瀬直樹編著）を参考にしている。

特別活動　　第2章　どんなイベントが可能か

会社活動

【学年】 高学年
【めあて】 自分の係活動を見直し、次からの活動を改善しようとする。
【学習の流れ】

　私のクラスでは、学級にとって最低限必要な「当番活動」のほかに、学級をよりよくしたり楽しくしたりする「係活動」を取り入れている。そして年によっては、後者に「会社活動」と名前をつけ、子どもたちの創意工夫を促すことがある。例えば「プログラミング会社」（プログラミングでつくったアニメを流したりゲームで遊んだりする）、「小説会社」（毎週、自作の物語を発行する）などが生まれ、休み時間や隙間時間に楽しそうに活動している。そして、それぞれの会社が勝手にイベントを企画している。

クイズ会社のクイズ大会

新しいゲームを考える

　「自分自身の得意を生かし、楽しみながらクラスに貢献で

きたらいいね。それが最高の『仕事』だよ」——これは、子どもたちに伝えたことであるが、「クラス」を「社会」に変えると、大人にもあてはまることだろう。

　さて、やる気満々で楽しく始まった会社活動が、しばらくすると停滞することがある。これは当然で、変化がないとすぐに子どもたちは飽きてしまう。活性化するための方法として、3つの方法を例示する。

①活動時間を授業中にとる。

　会社活動の時間は、基本的には休み時間などの自分たちの時間を使って行われる。しかし、特に高学年になると、委員会の活動等でメンバー全員が休み時間にそろわないということがある。授業時間を10分だけでも会社活動の時間としてあげると、その後の活動がスムーズに進むようになることがある。

②環境を設定する。

　ペンや折り紙、画用紙など、係活動に必要なものは子どもたちがすぐに取り出せるように整理しておく。また、下の写真のようにマットとホワイトボードがあると、相談したりイベントを告知したりするのに便利である。

③会社会議をする。

　2週間に一度、帰りの会で「会社会議」を行う。会社の社長（代表）が前に出て、クラス全員に2週間分の仕事内容を報告する。その仕事内容や量によって、教師が「給料」

を支払う（クラス全体で確認しながら決定するが、意見が割れたときの最終決定は教師が行う）。

給料とは、教室の中だけで使われる通貨である。私の名前をもじって、「アワコイン」と呼んでいる（右図）。

アワコインの使い道は、子どもと相談しながら決めた。以下の通り。

```
ACの使い道
 1000AC  宿題なし券…一つの宿題をなくすことができる
 3000AC  スーパー宿題なし券…一日の宿題すべてをなくすことができる
 1000AC  自由席替え券…くじびきを引く前に自分の席を決められる
 3000AC  スーパー自由席替え券…くじびきを引いた後、自分の席を決められる（席替えをした直後のみ使用可）
 1000AC  給食大盛り券…給食の盛り付けのときに、一品を大盛りにしてもらうことができる
 2000AC  おかわり優先権…給食のおかわりのとき、一品を先にもらうことができる
 5000AC  授業します券…自分で１時間をつかって、学級の仲間に対して授業をすることができる
40000AC  消しゴムはんこ券…自分の好きなイラストの消しゴムはんこをつくってもらえる
```

なお、会社会議の際に２回連続（つまり一か月間）で活動がなかった会社は、倒産する。新しい会社の設立もこの会議で発表される。このような場をコンスタントに設定することも、係活動の活性化につながる。

【ワンポイントアドバイス】

給料制度は、係活動の起爆剤となりえるが、一方で「アンダーマイニング効果」の危険性も伴う。つまり、次の学年になったときに係活動の仕組みが変わると、「給料が出ないなら働かないよ」という子どもにならないか、という心配である。この危険性をしっかりと理解し、対策を考えた上で実施するようにしたい。私も給料制度を過去に行ったのは、持ち上がりで６年生担任をした二度だけである。

コラム④

時間確保のために

　各教科の教科書を終わらせ、行事をこなし、数々の「○○教育」を行いながら、クラスのトラブルにも対応して…。目まぐるしい毎日の中で、本書が提案するような「イベント」を入れる時間なんてない！　そんな声も聞こえてきそうだ。そこで、私が授業時数をおさえるために工夫していることを4つ書く。

①教科等横断的な視点でカリキュラムを編成する

　例えば、社会科で学習する「都道府県」について、国語の「新聞の書き方」で学んだ方法を使ってまとめていく。こうすれば、社会科でまとめ方について指導する時間や、国語で取材する対象をじっくり調査する時間を確保する必要がなくなる。それぞれの教科は、「違う材」を扱ってばらばらに学習するのではなく、「同じ材」を違う視点で見ていくというイメージだ。

②「教科書を網羅的に教える」という考えを捨てる

　誤解されがちだが、教科書は「絶対にやらないといけないこと」が詰まっているものではない。私たち教員が法的責任を負うのは「学習指導要領」に対してだ。

　教科書の比較をするとわかりやすい。A社には入っているがB社には入っていない情報がある。逆もまた然りだ。教科書の情報をすべて扱うことが必要なのではなく、教科

書を通して子どもたちにどんな力がついたかが重要なのだ。

③業者テストを購入しない

　とはいっても、教科書の内容を扱っていないとテストでできないのではないか…。その通りだ。指導と評価の一体化と言われるように、評価が業者テストであれば、指導せざるを得ない。だから、業者テストを買わないというのも一つの選択だ。難易度は正直高いが、これができればかなり授業時数に余裕がでる。私は4年生の理科を担当した際、業者テストを購入せず、自作の「学期末テスト」で知識・技能の評価を行った。テストは、必ずしも毎単元末に行う必要はない。指導事項を精選し、テストの回数を減らすことで、大幅な時数削減につながる。結果としても子どもたちはのびのびと学習に向き合うことができる。

④子どもの学習を支える

授業が探究・活動中心になると、一人で学習を進めていくことが苦手な子どもが顕著に見える。そのような子たちを放任していては、時間がいくらあっても終わらない。適切に支援する必要がある。

　ここでは、P45の「プレゼンチャンピオンを決めよう」の実践で行った支援を、2つに絞って例示する。

　1つめは、毎時間の最後にpadletを活用し、全員のふり返りを共有したことである。これにより、毎時間自分の考えたことが蓄積されるとともに、仲間の考えたことや調べたことが簡単にわかるようになった。子どもにとっては、

仲間のふり返りを見て次に調べることを見つけることができ、教師にとっては一人ひとりの子どもの状況を見取り、個別の支援に役立てられるというよさがある。

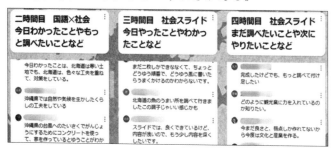

2つめは、学び方の支援である。このような調べ学習の際、子どもたちはインターネットに頼りがちになる。そして、ともすれば訳も分からないままにコピー＆ペーストしてしまう。そうならないために、逐一子どものスライドを一緒に見て、「これはどういう意味？」「ここからどういうことが言える？」など、一人ひとりと対話していった。

授業冒頭の5〜10分をミニレッスンとして全体に指導することもあった。検索したページが難しかった場合の対応や、インターネット以外の調べ方なども具体的に紹介することで、自分にあった学び方を選択できるようにした。

このように探究の方法をミニレッスンで取り扱った後は、学習掲示をしていつでも想起できるようにした。

第3章

イベントで育つ
子どもたち

魅力的なゴールが、子どもたちの心に火をつける

　なぜ、イベントを行うのか。それは、イベントという魅力的なゴールを設定することで子どもたちの意欲を高め、「やりたい！」という気持ちを引き出すためだ。また、イベントというゴールを示すことで、目的意識や見通しを持つことができるため、自己調整を働かせたり、粘り強さを発揮させたりする子どもの姿がよく見られるようになる。

　例えば、70Pの「シンクロマット・コンクール」での学習では、発表会に向けて授業以外の時間にも友達と相談したり、構成を考えてきたりする子どもがいた。

　38Pの「先生は超能力者?!」の授業後の休み時間では、黒板の前に集まってああじゃないか、こうじゃないかと自然と話し合っている姿があった。

　88Pの「とばし大会をしよう」では、もっと飛距離を伸ばそうと20分休みにも、外で作っては飛ばす姿があった。

　授業が探究的になるとこのような姿がよく見られる。これは、時間が間に合わないと考えて学び方を自己調整したり、もっとよりよくしたいと考えて試行錯誤を重ねる粘り

強く取り組んだりする姿そのものだ。私は、子どもが学びに熱中しているかどうかを考えるとき、授業中だけでなく授業後の子どもの様子を一つの指標としている。授業後の休み時間や放課後にも自主的に子どもたちが動いていることは、熱中状態になっていることの一つの表れだと言えるだろう。

競争で育つ力と危険性

　M-1 グランプリがなぜ毎年あんなに盛り上がるかといえば、その年一番の漫才師を決めるからにほかならない。「日本一の漫才師」という名誉はもちろん、賞金やその後のメディア出演という副賞をめざして多くの漫才師が努力し、人生を賭けて挑戦するからこそ、あのような熱狂が生まれるのだ。甲子園の高校野球やオリンピックなどのスポーツの世界を見ても、実力の近い者同士の競争が、お互いにとってよい効果をもたらすということがあるだろう。

　教室でも同様に、コンテスト形式のイベントによって俄然やる気になる子どももいる。

　例えば、45P の「プレゼンチャンピオンを決めよう」では、放課後にも自分のスライドを作成し続ける子が多数いた。いつもなら課題が最低限できたらすぐに「終わり」にしてしまう子が、こだわりをもって、さらによりよくするべく取り組んでいた。

　105P の「自主学グランプリ」では、いつもの自主学と比べて気合いの入ったノートがいくつも見られる。

　このように、競争によって子どものモチベーションを高めたり、力を発揮させたりすることはできるだろう。

　しかし一方で、競争させることによる危険性についても、

教師は十分に理解しておかなければならない。教育における競争は長期的に見ると弊害の方が大きいとする研究も多い。過度な競争は切磋琢磨を促すのではなく、むしろ足の引っ張り合いに発展してしまう。結果、子どもたちの力を引き出すことはおろか、不安やストレスを与え、人間関係を悪くし、子どもたちを疲弊させてしまいかねない。

　また、勝敗が目的化すると、学習は手段になってしまう。結果として、「学びそれ自体」に没頭できない恐れがある。「勝つためにはどうすればいいか」と考えすぎて、学びから外れていってしまう可能性があるのだ。

　しかも、そうまでして勝利を追い求めても、叶わないことの方が多い。考えてみれば当然だが、コンテストやグランプリ形式にして一人のチャンピオンを決めることは、逆に言えば一人以外の全員に「負け」を突きつけることになる。達成感や成功体験を積ませるつもりが、むしろ多くの子どもにとっては逆の体験を与えることになる。

　ここで大事なことは、勝ち負けにこだわりすぎないマインドを育てることだ。あくまで勝ち負けは副産物であり、そこに向かって努力したことに価値がある。たとえ一番になれなくても、学ぶことはたくさんあるということをいかに伝え、実感させていくことができるかが重要だ。

　そのためには、競争の目的を子どもたちと一緒に考えてみてもよい。「何のために競争を取り入れるのか」「このイベントをするのは何のためか」など、常に目的に立ち返って考えることで、本来の学習を見失いにくくなる。

　競争的なイベントを取り入れるには、このような学級経営や子ども同士の人間関係づくりが前提として必要になる。

第3章 | イベントで育つ子どもたち

競争社会から共創社会へ

アルフィ・コーンは、著書『報酬主義をこえて』で競争の
デメリットを数多く語っている。競争の代わりにやる気を引き出すものとして主張していたのが、以下の「3つのC」だ。

① choice【チョイス】・・・・・・・・・選択肢
② contents【コンテンツ】・・・・・・・内容
③ collaboration【コラボレーション】・・・協働

どこで、誰と、どのようにして学ぶのか。イベントに向かう準備の時間では、このような選択肢を子どもに委ねることができる。そして、何をどこまで学ぶのかも青天井だ。最低限のラインは示しつつ、興味があること（contents）をどこまでも学んでいい。このような探究的な授業の中では、子どもが教師の想定を超えてくることが往々にしてある。

しかし、contents が魅力的で、choice が子どもたちに委ねられている場合、「孤立した学び」に陥ってしまう可能性もある。だからこそ collaboration の視点も大切にしたい。

「もうこんなのできないと初めは思っていたけれど、みんなで協力して、みんなで挑戦したからこそ、こういう結果につながった」———これは、シンクロマット・コンクールを終えたある子のふり返りだ。一人ではできなかったことが、仲間と一緒ならできた。このような collaboration（協働）することの大事さを体験的に学ぶために、学校はある。

競争するイベントの一辺倒では、必要以上に格差が生まれ、お互いを牽制し合うクラスになってしまいかねない。競争による効果は生かしつつ、仲間と共に創り上げる共創を重視したイベントを仕組んでいく必要がある。

自己有用感の低い日本の子どもたち

　以下の資料は、テーマを「国や社会に対する意識（6ヵ国調査）」とする、2024年に日本財団が行った18歳意識調査だ。

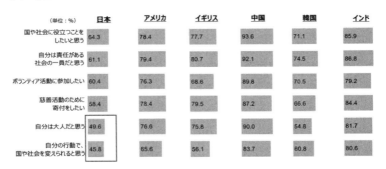

　この資料を読むと、日本は他の国々に比べ、「国や社会に対する意識」が低いということがわかる。特に低いのは、「自分の行動で、国や社会を変えられると思う」の項目だ。これに対する日本での肯定的回答は45.8%。単純に諸外国と比較して低いというだけでなく、このような考えを持っていない子どもたちが日本に半数以上いるとすれば、社会は変わっていきにくいのではないだろうか。

　今年度（2024年）、4年生の子どもたちにも同様に「自分の行動で、国や社会を変えられると思いますか」と聞いてみた。結果は右に示すとおり。肯定的意見は51.7%だった。

　この自己有用感の低さは、自分の行動と社会が結びついておらず、切り離されていると無意識に捉えていたり、成功体験が少なかったりすることが原因として考えられる。

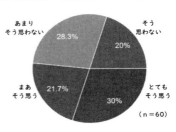

教師以外からのフィードバック

　第一章で、探究的な学びを支える評価としてフィードバックが大事だと書いた。教師からのそれはもちろん重要だが、いつも同じ教師からもらっているだけでは視点は広がりにくい。学びを外に開いていくためにも、多様な他者からフィードバックをもらう機会を意図的に設計したい。

　一番手軽なのは、子ども間でのフィードバックだ。私のクラスでは、発表を聞いた後、「ファンレター」と呼ばれる手紙にフィードバックを書いて送り合っていた。PadletやCanva等のICTを活用すれば、短時間でたくさんのフィードバックを送り合うことができる。

　２クラス以上あるなら同じ学年で見合うこともできる。異学年に発表するのもよいだろう。学校間で連携して、他の学校の子どもとフィードバックを送り合うのも面白い。機会が許せば、他校種と交流するのも有効だ。大学生に発表や成果物を見てもらい、フィードバックをもらってから本番（地域のイベントでの発表）を迎えることで、目に見えて成長につながる子がいた。

　他にも、地域の大人やその道のプロフェッショナルをお招きして自分たちの発表を聞いてもらい、フィードバックをもらう経験は探究的な学びをより一層充実させる。

地域や社会とつながるイベントがもたらすもの

　「自分の行動が、社会をつくっている」―――そんな意識を子どもたちが持つためには、総合的な学習の時間を中心に

し、地域の人やモノとつながって達成感を感じられるようなイベントを創り出すことが重要だ。

　今年度の４年生とは、92Pのような実践を行った。調査したことの発表やフリーマーケットの運営を終え、同じ項目でアンケートをとると、右のような結果となった。肯定的意見は89.6％と、大きく向上したことがわかる。

発表を聞いた地域の大人から「ゴミ問題については昔から話題になっていて、正直聞き慣れて気持ちが薄れていました。しかし、子どもたちが一生懸命調べて発表している姿を見て、まずは大人の私

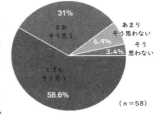

が意識して行動しなければという気持ちになりました。」とコメントをいただいたり、自分が一生懸命リメイクしたものをもらって喜ぶ幼稚園児の姿を直に見たりしたことが、このような結果につながったのだろう。

　ほかにも、96Pの「フードドライブで三方よし」の実践を行ったときは、食べ物を送った家庭からたくさんの感謝のお手紙をいただいた。子どもたちが嬉しそうに、そして誇らしそうに読む姿が印象的だった。

　「自分の行動がだれかの役に立った。」そんな経験は自己有用感を高め、これからも社会に貢献しようとする意欲へとつながるのではないだろうか。

あとがき

　「本を書く」こと。これがまさに、私にとっての「魅力的なイベント」であった。そして、この魅力的なイベントを達成していく過程で自分の実践を整理することができた。新たな授業を創ることができた。実力ある先生方の実践に学ぶことができた。まさに、私の学びを加速させるイベントになったのだ。「魅力的なイベントは、学びを充実させる」という本書の提案を、身をもって体験することができたのである。

　思い返せば、私の教員人生は決して順風満帆なものではなかった。元々要領が良いタイプではなく、新任から３年目までは、平日は朝７時半から夜９時まで学校で過ごし、休日出勤もしばしばだった。それでも面白い授業なんてほとんどできず、今から思えば目も当てられない指導をしていたように思う。

　そんな私が教員を続けられた一番の理由は、間違いなく「人」だ。子どもたちの元気さと可愛さに支えられたからだ。保護者の優しさや激励に元気をいただいたからだ。尊敬する先輩教員方が、温かく教えてくれたからだ。研究会で、刺激をくれる同世代の仲間や、衝撃的な授業を実践されている憧れの存在に出会えたからだ。このような素敵な「人」との出会いがあったからこそ、私は教師を続けられたのだと強く思う。

　そして、二番目の理由が、「本」である。少し余裕が出てきた４年目頃から、Amazonで気になる教育書をひたすら買っ

ては読んだ。休日は大学図書館や大型書店に行き、一日籠って貪るように読んだ。こうして、大量の本を読んでインプットし、面白そうな実践は片っ端から試していった。

　もちろん、うまくいかなかったものもたくさんあったが、子どもの熱中する姿や明らかに育つ姿を見て、手ごたえを感じることも多くあった。本を読み、自分にはなかった理念や方法を得て、実践を繰り返す中で、少しずつ学級が安定し、授業も面白くなっていった。

　このように考えると、本が私を救ってくれたといっても過言ではない。本の力は、こんなにも偉大だ。

　自分が一生かかっても経験できないことが、本を読むことで疑似体験できる。自分が一生かかっても思いつかないことが、本を読めば知ることができる。悩み、苦しみ、考えぬいた先人達の英知の結晶が、本には詰まっているのだ。私たちは、この英知の結晶の上にこそ、知を築いていかなければならない。それが、先人たちに対する敬意というものだろう。

　そんな本と先人達への敬意と感謝が、「いつか、私を救ってくれた先人達のように、私も誰かを救えるような本を書きたい」という夢を抱かせるようになった。

　教員10年目となる今年、その念願がついに叶うことになった。大変ありがたいことである。

　この念願は、私一人では決して叶えることはできなかっただろう。本書をつくるにあたり、お世話になった方々にお礼をしたい。

　本書の若い先生のパートナーズ BooK という企画には、実力も知名度も高い先生方ばかりが執筆されている。この泣く

あとがき

子も黙る完璧な布陣の中、実力も知名度も低い私に声をかけてくださったのは、学芸みらい社の阪井さんだ。

その阪井さんとつながることができたのは、EDUBASE というグループで実践報告をした際、坂本良晶さんが価値づけてくださったおかげである。

さて、本書を書くにあたって、各教科の実践事例を集める必要があった。しかし、私は高学年をもつことが比較的多く、専科の関係で音楽や図工、家庭科、外国語などは授業自体ほとんどしたことがなかった。そのため、私の尊敬する先生からたくさんの実践提供をいただいた。また、学年を組んだ時に一緒に実践をしてくださった。足立知弘先生、安達亜弓先生、今井美沙先生、柴田大翔先生、吉田恭弥先生、吉田のどか先生、若岡敦司先生の協力がなければ、本書は完成しなかった。

そして、何より大きいのは、やはり家族の存在である。どんなに疲れて帰ってきても、我が子の笑顔に癒され、美味しい料理を食べ、楽しく会話をすれば、次の日もがんばろうと思えるものだ。

最後に、この10年間、私を支えてくれた子どもや保護者の方、地域の方々、同僚の先生や職員の方々に感謝を記し、本書の結びとする。本当にありがとうございました。

2024 年 10 月 15 日
2畳の書斎にて、寝室からの妻子の寝息を聴きながら――

粟子直毅

[著者紹介]

粟子直毅（あわこ・なおき）

大阪府小学校教諭。EDUBASE CREW。『教室ツーウェイNEXT23号』（学芸みらい社）などで執筆。令和5年度〈第29回〉日教弘教育賞優良賞受賞。
Xアカウント:https://x.com/crm_i0

若い先生のパートナーズBooK ／ 授業づくり

「探究」授業 51
授業のつくり方から評価まで

2025年1月30日　初版発行

著　者	粟子直毅
発行者	小島直人
発行所	株式会社 学芸みらい社
	〒162-0833 東京都新宿区箪笥町31番 箪笥町SKビル3F
	電話番号 03-5227-1266
	https://www.gakugeimirai.jp/
	e-mail：info@gakugeimirai.jp
印刷所・製本所	株式会社ディグ
企画	阪井一仁
校正	西田延弘
装丁	吉久隆志・古川美佐（エディプレッション）
本文組版	児崎雅淑（LiGHTHOUSE）

落丁・乱丁は弊社宛にお送りください。送料弊社負担でお取り替えいたします。
© Naoki AWAKO 2025 Printed in Japan
ISBN 978-4-86757-066-1 C3037

若い先生のパートナーズBooK
PARTNERS' BOOK FOR YOUNG TEACHERS

教室とは、1対30で勝負する空間。
教師は、1人で30人を相手に学びを創る世界に飛び込むのだ。
次世代をエスコートする「教室の責任者」である担任は、

- 気力は眼にでる
- 教養は声にでる
- 秘められた感情は口元にでる

これらをメタ認知できる知識人にして行動人であれ。
その水源地の知恵が凝縮されたのが本シリーズである。

PARTNERS' BOOK
FOR
YOUNG TEACHERS

学芸みらい社の好評既刊・新刊
日本全国の書店や、アマゾン他のネット書店で注文・購入できます！

ロングセラー 日本のすべての教師に勇気と自信を与え続ける永遠の名著！

「学芸みらい教育新書」
向山洋一（著）
〈全19巻〉
紙書籍／電子書籍

各巻定価──第1巻～第18巻：税込1,100円／別巻：税込1,980円

電子書籍はKindleほか複数の書店でご購入いただけます。
配信書店とURLほかの詳細情報は右のQRコードから弊社HPをご覧ください。
※配信書店により売価が異なる場合があります。

好評既刊

シリーズ監修：水野正司

教師にも子供にも《ちょうどいい》指導法 全4巻

1 「一人」と「全員」を両立させる《ちょうどいい》指導法
── 向山洋一の実践と思想を読み解く32の挑戦！
編著者：塩谷直大・五十嵐貴弘
定価：本体2,300円＋税　ISBN 978-4-86757-056-2

2 子供たちの未来を拓く《ちょうどいい》授業
── 「学びの本質」に迫る！
編著者：水野正司・塩谷直大
定価：本体2,500円＋税　ISBN 978-4-86757-057-9

3 どの子も伸びる《ちょうどいい》叱り方
── 「適切な叱り方」の三原則
著者：水野正司
定価：本体2,400円＋税　ISBN 978-4-86757-058-6

4 10代の子供たちに《ちょうどいい》生徒指導
── 「自主性」と「価値づけ」が中学生に響く！
編著者：染谷幸二・櫛引丈志
定価：本体2,300円＋税　ISBN 978-4-86757-059-3

静かではないが、騒がしくしない。きちんとしてはいないが、乱れてはいない。いきいきとした、自由にあふれるクラス──。
そんな《ちょうどいい》（Good Enough）学級を実現し、新たな教育文化を提案する、教師と子供のための「グッド・イナフ・ティーチャー宣言」。